искусство быть родителем

Советуют профессионалы

Марина Мелия
Мама троих детей, профессор психологии

ОТСТАНЬТЕ ОТ РЕБЕНКА! ПРОСТЫЕ ПРАВИЛА МУДРЫХ РОДИТЕЛЕЙ

БОМБОРА
ИЗДАТЕЛЬСТВО
Москва

УДК 159.922.7
ББК 88.8
М47

Мелия, Марина.

М47 Отстаньте от ребенка! Простые правила мудрых родителей / Марина Мелия. — 2-е издание, дополненное. — Москва : Эксмо, 2025. — 272 с. — (Психология. Искусство быть родителем. Советуют профессионалы).

ISBN 978-5-04-156530-5

Книга для ответственных родителей, мгновенно ставшая бестселлером, — теперь в новом формате!

Мы все хотим вырастить детей успешными, самостоятельными, счастливыми. И поэтому активно организуем их жизнь, контролируем поведение, постоянно одергиваем и корректируем. Но наши усилия повлиять на другого человека, прямо воздействуя на него, почти бесполезны.

Марина Мелия — психолог с сорокалетним стажем практической работы — предлагает более эффективный путь: оставить детей в покое и перевести фокус внимания на самих себя, на собственные слова и поступки.

В новом издании автор отвечает на самые популярные вопросы родителей: как «заставить» детей учиться? Как добиться, чтобы они самостоятельно делали уроки? Как запрограммировать их на удачу? Как правильно выстроить отношения с учителем? И многие другие.

УДК 159.922.7
ББК 88.8

ISBN 978-5-04-156530-5

Содержание

От автора

Сегодня мы относимся к воспитанию детей суперответственно. Мы не просто вовлечены в их жизнь, мы буквально работаем родителями. И работаем на совесть: стараемся нацелить ребенка на успех, оснастить всем необходимым для будущей счастливой жизни — иначе нельзя. В тренде интенсивное родительство. А заодно и родительский невроз. Мы боимся чего-то недодать детям и потому давим на них сверх всякой меры.

На ребенка ложится тяжкое бремя — необходимость соответствовать нашим ожиданиям. А они так высоки, что он просто не справляется. Нам трудно остановиться, мы недовольны им, недовольны собой и только усиливаем гнет. В конце концов дети начинают сопротивляться, в семье возникают по-настоящему кризисные ситуации, у родителей опускаются руки, они не знают, как поступить, и в лучшем случае обращаются к специалисту.

С чего обычно начинают разговор родители, когда приходят ко мне за профессиональной помощью? С вопроса: «Что с ним делать?» и перечисления детских «прегрешений». Они стараются упомянуть все, в чем ребенок не соответствует их идеалу. Некоторое время я сосредоточенно слушаю, потом говорю: «Стоп! Отстаньте от ребенка» — и предлагаю перевести фокус внимания на себя. Почему?

Наши усилия повлиять на другого человека, прямо воздействуя на него, почти бесполезны. Зато когда мы меняемся сами, постепенно начинает меняться и поведение окружающих нас людей, в том числе и нашего ребенка.

Родители зачастую надеются «выведать» у меня волшебный психологический прием. Такой прием есть, и заключается он в следующем: надо разложить сложную, запутанную ситуацию на простые элементы. А размотав клубок проблем, выявить реперные точки, осознать и понять, что делается не так, как делать надо, и дальше делать, делать и делать…

Например, быть последовательным и, сказав «нет», не менять его на «да». Установив, что «нельзя есть перед телевизором», не отступать от этого. Определив сумму карманных денег, не подкидывать сверх нее, если ребенок потратил все раньше времени. С помощью именно таких нехитрых правил мы и задаем границы поведения. Но выполняем ли мы сами подобные правила — постоянно и последовательно? Чаще всего нет. Дети необычайно изобретательны, когда хотят добиться своего. И нам необходима большая выдержка, чтобы действовать мягко и доброжелательно, но в то же время настойчиво и непреклонно — образно говоря, «железной рукой в бархатной перчатке».

Когда родители начинают следовать этому очень простому на первый взгляд принципу, открывается дверь в другой мир — теплых и доверительных отношений с ребенком. Дети очень адаптивны и всегда принимают новый порядок жизни. Не было еще ни одного случая в моей практике, чтобы не произошли изменения к лучшему.

Каждый ребенок и каждый случай уникальны, но сам подход к воспитанию детей универсален.

В этой книге я описываю алгоритмы мудрого родительского поведения, которые помогают решить «неразрешимые» проблемы. Книгу можно читать с любой главы, выбирая наиболее близкие и актуальные для себя темы. А можно — целиком, от начала до конца, находя что-то ценное в каждой из двадцати семи глав.

Выражение признательности

Я благодарна читателям журнала «Татлер» и его главному редактору Ксении Соловьевой, которая, почувствовав живой интерес читательской аудитории, предложила мне писать колонки об актуальных родительских проблемах. С них и началась книга «Отстаньте от ребенка!».

Я признательна своим коллегам по «ММ-Классу» за интеллектуальную поддержку и совместный многолетний анализ десятков тысяч интервью с кандидатами на разные позиции. Важная составляющая этих интервью — вопросы о детстве и родителях. Беседуя со взрослыми людьми, мы видим отдаленные результаты их воспитания.

Особая благодарность Елене Евграфовой и Яне Бовбас за организацию работы над текстом и точные комментарии. В условиях самодостаточной консультативной работы, которая не оставляет места для «писательства», это неоценимо.

Я благодарна моим клиентам за доверие и открытость, с которыми они делятся своими проблемами и опытом их решения. Спасибо!

Зачем воспитывать ребенка

Моя клиентка как-то пожаловалась, что у мужа очень плохие отношения со старшим сыном. Муж, профессор математики, преподавал в университете и всегда мечтал, чтобы сын не просто пошел по его стопам, а стал бы математиком с мировым именем. Он много занимался с мальчиком и упорно готовил его к поступлению на математический факультет. Сын всячески сопротивлялся, он, скорее, гуманитарного склада, любит литературу, языки. Но отец настаивал, и сыну пришлось подчиниться. Он продержался два курса и бросил учебу. Был страшный скандал, отец практически перестал разговаривать с сыном, и тот ушел из дома. Устроился на работу, поступил на курсы, выучил несколько языков. В конце концов он вернулся в университет, правда, уже на другой факультет, где учится без особого энтузиазма. Но с отцом практически не общается: они стали чужими.

Стратегии успеха

Чтобы ребенок был счастливым, он должен стать успешным, а для этого надо как можно раньше поставить цель и продумать шаги для ее достижения — так рассуждают многие «целеустремленные» родители. Цели, которые они ставят, я бы разделила на два типа: «моноцель» и «полифоническая» цель. В одном случае это воспитание чемпиона, а в другом — воспитание круглого отличника.

Чемпионы

Первую стратегию чаще всего выбирают родители, которые хотят, чтобы дети продолжили их дело, стали их наследниками. Такое часто видишь в семьях, где кто-нибудь из родителей добился определенного статуса, положения, материального достатка. По замыслу взрослых ребенок должен повторить их путь. Это может быть бизнес, музыка, спорт, наука.

Есть и другой вариант: если мама или папа сами не добились того, о чем мечтали, они пытаются компенсировать свои неудачи за счет ребенка. Например, девочек отдают в балет, мальчиков — в хоккей. Они будто «делегируют» ребенка в ту сферу, в которую им самим не удалось прорваться, которая была для них закрыта. Но суть от этого не меняется: родители ставят перед ребенком конкретную цель и вкладывают силы в ее достижение.

Жена знаменитого спортсмена так сформулировала цель воспитания сына: сделать все, чтобы он стал олимпийским чемпионом в том же виде спорта, что и его отец. Мама обеспечивает мальчику правильное питание, тренировки, поездки, дорогие костюмы, внимание окружающих. Она уверена, что нельзя давать слабину, если хочешь, чтобы ребенок стал лучшим на планете. И пятилетнего малыша тренируют по 4–5 часов в день. Он не может просто полежать на диване — только если «отдыхает после тренировки». Он не просто ест, а «поглощает нужное количество калорий». Его «мотивируют» ремешком, а в качестве наказания закрывают в темной комнате. «Ты можешь его пожалеть, когда он спит», — пишет мама в своем блоге. У малыша нет времени на занятия «ерундой» — поиграть на детской площадке, побегать, пообщаться со сверстниками, повалять дурака. Его побуждают смотреть на мир сквозь прицел успеха: все подчинено великой цели, его будущей победе. Задача понятна, стратегия ясна, ребенок занят делом, все движется в нужном направлении. Но каковы перспективы этого «проекта»?

Ребенок растет под чудовищным давлением. Ему исподволь внушают, что настоящая жизнь еще не началась, что день сегодняшний — это только подготовка, что счастье впереди — оно наступит, когда он заработает олимпийское золото.

Такое ви́дение цели создает иллюзию, что мы способны контролировать всё: главное — упорно трудиться, а результат не заставит себя ждать. На самом деле очень многие вещи нам неподвластны. Нельзя быть уверенным в каком-то конкретном результате на 100%. Слишком много факторов влияют на успех: здесь и труд, и удача, и стечение обстоятельств. Шансы стать олимпийским чемпионом даже у суперталантливых и сверхтрудолюбивых спортсменов не так уж высоки. Допустим, отец мальчика добился чемпионского звания, но одновременно с ним тренировались тысячи очень способных людей, а чемпионами не стали. Какая-нибудь случайность способна перечеркнуть труд многих лет: один получил травму, другой перед отборочными соревнованиями заболел, третьему помешал конфликт с тренером. Мы можем выложиться по максимуму, но так и не добиться своего. И что тогда? Ощущение, что жизнь прожита зря.

Но если ребенок все-таки достигнет цели, которую поставили ему родители, что дальше? Он стал чемпионом, но не научился искать и находить то, что его действительно увлекает, принимать собственные решения и отстаивать их. У него не было возможности повзрослеть. Кто поведет его за ручку к новым достижениям?

Отличники

Другая стратегия — это стремление сделать из ребенка круглого отличника. В обществе сложился такой воспитательный тренд: «как можно раньше, как можно больше, как можно лучше».

Следуя этому тренду, мы начинаем развивать ребенка буквально с пеленок: возим на специальные занятия, читаем вслух, ставим Баха и Моцарта, разговариваем с ним по-английски и при этом ревниво поглядываем по сторонам: а как у других, кто раньше нашего начал ползать, ходить, говорить. Как только малыш подрастет, мы начинаем водить его на музыку, рисование, потом на верховую езду, балет, фигурное катание и т. д. Нам хочется, чтобы он набрал как можно больше знаний, умений, навыков, которые могут пригодиться в жизни, и ужасно боимся чего-то недодать, не оснастить его чем-нибудь необходимым.

Мы пристально следим за успехами детей, не оставляем им права на ошибку, внушаем, что они должны быть лучшими всегда и во всем, подгоняем под «мировые стандарты»: к такому-то возрасту ребенок должен уметь делать то, а к такому это — «иначе он ничего не добьется». И дети вплоть до подросткового периода стараются изо всех сил, чтобы оправдать наши надежды. А кончается все бунтом или нервным срывом: одни все бросают и начинают ненавидеть родителей, другие становятся невротиками — боятся вызова к доске, контрольных, соревнований, выступлений на публике. Накануне очередного «состязания» одного тошнит, другой не может заснуть. Самое страшное, когда невроз переходит в депрессию и, казалось бы, послушные, трудолюбивые, «заряженные и нацеленные» дети вдруг перестают вообще что-либо делать и постепенно превращаются в откровенных «лузеров».

Заглянуть в будущее

Получается, что мы растим ребенка, основываясь на собственных представлениях о том, что такое успех и как его достичь. Мы берем на себя ответственность за его будущее, не зная, каким оно будет и каким вырастет ребенок — чего он захочет и что будет ему по силам.

В подобных моделях воспитания желания ребенка в расчет не принимаются: «что он понимает в этом возрасте?» У него нет возможности подумать, нравится ли ему дело, которое выбрали для него родители, и чем бы он хотел заняться, если бы решал сам.

Иногда амбиции мешают нам увидеть, что у ребенка совсем нет перспектив в той области, на том пути, который мы ему «предначертали». И нас это совершенно не смущает: в конце концов, «терпение и труд все перетрут».

И самое главное: мы понятия не имеем, какие знания и навыки действительно пригодятся нашему ребенку. Что будет востребовано через 10–15–20 лет? Давным-давно, если человек умел читать и писать, это было его «конкурентным преимуществом». К концу XX века стала цениться компьютерная грамотность и люди с цифровыми навыками были звездами в любой компании. Сегодня даже ребенок легко манипулирует гаджетами, а вот умение общаться, взаимодействовать с людьми становится все более редким качеством. Вполне вероятно, в недалеком будущем именно эмоциональный интеллект станет преимуществом при приеме на работу.

Примечательно, что некоторые компании начали отказываться от специалистов с университетскими дипломами: пока те учатся, мир успевает измениться. Они нанимают людей без высшего образования и готовят их на коротких программах для быстрого усвоения знаний и навыков. Глава IBM Джинни Рометти называет таких специалистов «новые воротнички».

Может случиться, что вид спорта, в котором должен преуспеть сын знаменитого спортсмена, исключат из Олимпийских игр, или зрители потеряют к нему интерес, или через 15 лет подобные соревнования вообще отменят. Уже сейчас многие города отказываются от проведения игр, поскольку это очень накладно, да и жители протестуют.

Ставить перед ребенком предельно конкретную цель — с местом, временем, «точкой прибытия» — не только неэффективно, но и разрушительно для его личности, здоровья и эмоциональной сферы. А жесткое целеполагание и сверхвысокая требовательность лишают детей детства. Что же тогда должно стать целью воспитания? Как собрать ребенка в трудную дорогу жизни, что положить в его «рюкзачок»?

«Золотая семерка»

Эффективнее и перспективнее не столько наделять ребенка знаниями, навыками и вести к победе везде и всегда, сколько развивать полезные черты характера, которые помогут ему самостоятельно, без

Нужно научить детей «мечтать и дерзать», поддерживать их на том пути, который они выбрали сами. И помогать не падать духом, если они совершили ошибку, разочаровались в своем выборе и ищут новую цель.

нашей помощи строить свою жизнь, делать ее насыщенной и интересной.

У каждого из нас есть врожденные качества (например, темперамент). А есть те, что приобретаются, воспитываются, — они и должны стать областью приложения наших сил!

Американские психологи Мартин Селигман и Кристофер Питерсон в книге «Сильные стороны характера» описали качества, необходимые для становления успешной личности, способной адаптироваться в разных условиях, добиваться своих целей, управлять своей жизнью. Авторы хотели выделить универсальные черты — те, что ценились в любом обществе и во все времена, а не только в современной североамериканской культуре. Их список состоит из 24 качеств, среди которых есть и храбрость, и мудрость, и чувство юмора, и умение видеть красоту.

Полный список был не слишком удобным для работы в школах и колледжах, поэтому Питерсона попросили его сократить. И он оставил семь сильных сторон, которые, согласно исследованиям, с большой вероятностью приводили к высоким достижениям. «Золотая семерка», на которую мы можем ориентироваться, это:

- твердость характера (grit);
- самоконтроль (self-control);
- энергичность (zest);
- социальный интеллект (social intelligence);
- благодарность (gratitude);
- оптимизм (optimism);
- любознательность (curiosity).

Когда мы обсуждаем этот список с моими клиентами, больше всего вопросов вызывает благодарность. Кажется, при чем тут она? Но когда человек отмечает для себя каждый акт помощи и поддержки, признает то, что другие много делают для него, он начинает верить, что фортуна на его стороне, что он не один в этом мире. Это создает правильный настрой, заряжает оптимизмом и энергией. Благодарность напрямую связана с добротой. Исследования показывают, что доброжелательные, готовые помочь другим люди реже страдают от тревожности и депрессии, у них выше устойчивость к стрессу и удовлетворенность жизнью.

О том, как помогать ребенку формировать полезные качества и сильные стороны характера, мы поговорим на страницах этой книги, сосредоточившись на обсуждении конкретных вопросов, которые задают родители.

Мечтать и дерзать

Мы должны стремиться не к тому, чтобы наш ребенок был первым и самым лучшим в каких-то областях, а к тому, чтобы он учился воплощать в жизнь свои замыслы, контролировать себя, общаться с людьми.

Одну из своих книг я назвала «Успех — дело личное». Так вот, успех — это личное дело ребенка. Придет время, и он сам решит, чего хочет и что может. Безусловно, мы даем ему возможности учиться и пробовать себя. Но мы не должны нагружать его «обязательными достижениями» в одной или нескольких сферах по нашему выбору или ради реализации наших родительских амбиций.

В свое время я окончила Гнесинку, не имея особых способностей к музыке. Родители сказали: «Семилетку окончить ты должна. А дальше будет видно». Я согласилась с их решением. Никто не навязывал мне цель — стать музыкантом во что бы то ни стало. Зато я научилась выполнять большой объем работы «от и до», сосредоточиваться, концентрироваться, познакомилась со многими яркими людьми. Я не стала заниматься музыкой дальше, но ценю, что Гнесинка была в моей жизни.

Мы выросли в условиях, когда преобладала линейная модель жизни: получил образование, поступил на работу, начал делать карьеру по выбранной профессии, добился успеха, вышел на пенсию. Сегодня молодым людям нужно быть готовыми учиться всю жизнь и, возможно, настраиваться на карьеры в разных сферах. А значит, умение ставить перед собой цели — не менее важный навык, чем способность их добиваться.

Очень трудно понять, чего ты хочешь на самом деле, осмелиться сделать свое желание целью, а потом передумать и поставить другую цель. Это тем более невозможно в условиях диктата целеполагания, когда ребенок становится покорным заложником одной цели, навязанной извне.

Важно научить детей «мечтать и дерзать», поддерживать их на том пути, который они выбрали сами. И помогать не падать духом, если они разочаровались в своем выборе, совершили ошибку и ищут новую цель.

Если мы поможем ребенку развить сильные стороны характера, ему будет легче найти свою дорогу в жизни. И тогда главная цель воспитания будет достигнута.

Как давать детям свободу

Трехлетняя девочка ведет себя абсолютно раскованно в любой обстановке — она может заговорить с незнакомцем, обращаясь к нему на «ты», на пляже бесцеремонно разбудить человека, спящего на соседнем лежаке, в ресторане взять булочку с чужого стола. Родители умиляются до того момента, пока кто-нибудь не сделает замечание, не скажет, что ребенок всем мешает, что его плохо воспитывают. И тогда они начинают возмущаться и объяснять, что это не «плохое», а «свободное» воспитание.

Важные рубежи

Свободное воспитание — тема, которую с подачи Жан-Жака Руссо вот уже три столетия обсуждают философы, психологи, педагоги и, конечно, родители. Есть масса книг, авторы которых утверждают, что, пока дети маленькие, им надо разрешать абсолютно все — тогда они вырастут свободными людьми, а не закомплексованными «маменькиными сынками». Свобода в воспитании действительно очень важна. Но какой смысл мы вкладываем в это слово? И как научить ребенка распоряжаться свободой?

Прежде всего не надо путать внутреннюю свободу с распущенностью и вседозволенностью. Нам важно построить воспитание так, чтобы ребенок, повзрослев, был способен проявлять свободу воли, то есть свободу настаивать на своем, свободу суждений, выбора, даже если кому-то этот выбор не нравится. Иначе говоря — свободу жить своей жизнью. Это и есть подлинная свобода, основы которой закладываются в самом раннем возрасте.

Первая «свобода», которую получает ребенок, — это свобода движений. Но сразу возникают и ограничения: мы говорим «нельзя», если он хочет сунуть палец в розетку или схватить нож. Он может бегать, играть, шуметь, но только если это не вредит ему и окружающим.

Стремление к свободе и самостоятельности оформляется к трем годам, когда ребенок начинает осознавать свое «Я» — отсюда и первые протесты: нет, не хочу, не буду! Следующий этап «борьбы за независимость» — семь лет: меняется социальная ситуация — ребенок идет в школу и хочет быть взрослым. И, наконец, самый важный рубеж — это подростковый возраст, когда личная свобода выходит для ребенка на первый план и он готов активно отстаивать ее всеми правдами и неправдами. Именно в этот период многие родители начинают гнуть свою линию, резко одергивать детей и в ответ получают бунты, конфликты, яростное сопротивление, испорченные отношения.

Мы редко задумываемся о том, как именно предоставлять ребенку столь желанную свободу. Одни жестко ограничивают детей, чтобы держать все под контролем, другие, напротив, все пускают на самотек, а третьи кидаются из одной крайности в другую.

Но есть и иной, «срединный» путь — я бы назвала его «воспитанием свободой». В этом случае ее дают не спонтанно, ситуативно, а продуманно, постепенно и дозированно, с учетом возраста и характера ребенка, там, где она нужна, и тогда, когда ребенок способен ею разумно распоряжаться.

На все четыре стороны

Когда моим сыновьям было 8 и 12 лет, дочь еще лежала в коляске. Мы вместе выходили гулять, и мальчики постоянно ко мне подбегали и спрашивали: «Мам, можно мы пойдем в тот двор?», «Мам, можно на стадион?», «А это можно?». Я говорила: «Да, можно», если была уверена, что для них это не опасно. Другие мамы удивлялись, почему мои дети не убегают втихаря, как их мальчишки. «Да потому что я разрешаю, а вы всегда запрещаете», — отвечала я. Секрет в том, что если детям не запрещать всё и вся, они будут спрашивать разрешения, а значит, мы будем в курсе того, как они распоряжаются своей свободой. Разрешения укрепляют родительский авторитет не меньше, а даже больше, чем запреты.

В воспитании свободой я предлагаю руководствоваться «правилом четырех свобод»: это свободное время, свободная игра, свобода выбора занятий и личное пространство.

Свободное время

Когда спрашиваешь родителей, чем их дети заняты в свободное время, они, как правило, удивляются: «Какое может быть свободное время, когда надо и в школу, и в спортивную секцию, и на английский, и...» Действительно, мы стараемся распланировать жизнь наших детей буквально до минуты. Они закованы в жесткие рамки своего расписания, а «выйдя на свободу», не знают, куда себя деть: у них не выработан навык распоряжаться собственным временем. Увидев это, мы тут же решаем, что уж лучше загрузить ребенка еще больше, чем он будет «дурью маяться» или «сидеть в соцсетях». До какого-то момента он старательно следует установленному нами регламенту, пока не взбунтуется и не скажет: «Всё. Хватит. Ничего не хочу».

У ребенка непременно должно быть личное, ничем не заполненное время, когда можно просто ничего не делать или делать только то, что хочется. Для каждого возраста и для каждого ребенка это время свое, его может быть больше или меньше, но оно должно быть. Если такого времени у ребенка нет, это значит, что у него нет возможности побыть наедине с собой, познакомиться со своим «Я».

Свободная игра

Сегодня в жизни детей так много специальных занятий с четкими инструкциями и алгоритмом действий, что когда они слышат «поиграйте во что хотите», то просто теряются. Они не умеют придумывать игры, привлекать других участников, собирать команду. Отчасти это происходит потому, что исчезла дворовая культура — разновозрастные компании, где игры передавались от старших к младшим. Прежние развлечения вытеснены просмотрами мультиков и играми на телефоне или планшете.

Все это ведет к утрате внутренней свободы, к зависимости от электронных средств и внешних рамок. Поэтому для детей, особенно дошкольного возраста, очень важны свободные, не навязан-

Важно, чтобы ребенок, повзрослев, был способен проявлять свободу воли — то есть свободу настаивать на своем, свободу суждений, выбора, даже если кому-то это не нравится. Иначе говоря — свободу жить своей жизнью.

ные извне, ничем и никем не структурированные игры, где нет заранее установленных правил. В таких играх правила можно придумывать самому, распределять роли, раздвигать границы времени, пространства, возраста, делать невозможное возможным. Это своеобразный «тренажер воображения»: вот ты Мальчик-с-пальчик, а через минуту — астронавт, высадившийся на Луне, потом пират, полководец, волшебник… Вот ты «здесь и сейчас», а через пять минут на своей машине времени отправляешься в путешествие в Средние века или, наоборот, летишь в будущее.

Иногда родителям нужно специально создавать такое пространство, где дети могли бы собираться и проводить время вместе без гаджетов и телевизора.

Свобода выбора занятий

Ребенок быстро привыкает к тому, что за него всё решают и ему не нужно делать выбор. Только он потянулся к вазе с яблоками, как мама тут же дает ему самое, на ее взгляд, лучшее: «Возьми вот это». Он хочет играть в хоккей, а ему говорят: «Нет, секция находится слишком далеко» или «Нет, там будет плохая компания». Я знаю девочку, которая мечтает заниматься верховой ездой. Но ее мама боится лошадей, поэтому девочка вместо конного клуба вынуждена ходить на теннисный корт. Находится тысяча предлогов, чтобы отказать ребенку в его выборе и заставить заниматься тем, что выбрали родители.

Безусловно, есть занятия, которые мы справедливо считаем необходимыми. Но обязательно должно быть место для одного или двух, которые ребенку действительно по душе. Надо давать ему свободу выбора, не нужно решать за него абсолютно все.

Сложные задачки предоставления ребенку свободы выбора встают перед родителями постоянно. Девочке 16 лет, после окончания школы она не хочет идти в вуз: считает, что лучше сначала два года поработать. Родители переживают: запретить — дочь взбунтуется, разрешить — потом она скажет: «Как вы могли со мной так поступить? Ведь я была еще несмышленым ребенком!» И они приняли решение: «Хочешь работу? Совмещай ее с учебой. Можешь выбрать любой вуз, но учиться ты должна». Они установили один запрет, но в остальном предоставили дочери свободу. Так они пришли к согласию.

Хотим мы того или нет, но неизбежно наступит момент, когда наши уже подросшие дети должны будут выйти из-под «внешнего управления» и начать принимать решения самостоятельно, делать собственный выбор без оглядки на нас. Поэтому наша задача — с самого раннего возраста воспитывать в них решительность, то есть учить выбирать осознанно, учитывая последствия, видеть возможности выбора, его плюсы и минусы, оценивать альтернативы.

Уже в три года можно предложить ребенку выбрать блюда за обедом, одежду на прогулку, книжку, которую мы будем читать ему на ночь. В шесть-семь лет мы расширяем рамки выбора: например, он может сам решить, что купить в магазине в пределах определенной суммы. Выбор подростка еще шире, хотя все равно ограничен нашими условиями. Так ребенок учится распоряжаться своими правами, слушать других, прикидывать, рассчитывать.

Личное пространство

Независимо от материального положения семьи ребенку нужна своя территория: комната или уголок, который бы он сам мог оформить и где бы он чувствовал себя в безопасности, потому что туда никто не зайдет без приглашения и без стука, где бы он мог спокойно отдохнуть, в том числе от родителей, и что-то делать без родительского присмотра. Личное пространство — это не только территория. Это вещи ребенка, сумки, гаджеты, до которых без его ведома нельзя дотрагиваться, которыми он имеет право не делиться. Мы же порой позволяем себе проверять его карманы на предмет чего-то предосудительного и рыться в рюкзаке, контролируя, все ли он взял на занятия. Мы без спроса заглядываем в его компьютер и телефон. Доходит до абсурда: маме на смартфон приходят уведомления обо всех перемещениях ребенка, все прослушивается и зачастую записывается на видео. Современные мобильные телефоны — самая длинная пуповина, которую мы никак не решимся перерезать. Нарушение границ попирает чувство собственного достоинства и провоцирует ребенка на подростковый протест. И что бы мы ни делали, какие бы технические средства ни придумывали, каких бы айтишников ни нанимали, чтобы взломать его устройства и соцсети, он всегда найдет варианты, как «уйти из-под колпака».

Мы установили много границ, поэтому нужна зона, где дети чувствовали бы себя свободно, где не нарушается их право на уединение, где родители не роются в их вещах и не обнаруживают ничего «случайно».

Нельзя позволять нашим страхам разрушить доверие. Лучше прямо сказать ребенку, заметив пе-

Наша задача — с самого раннего возраста воспитывать в детях решительность: учить выбирать осознанно, учитывая последствия, видеть возможности выбора, его плюсы и минусы, оценивать альтернативы.

ремены в его поведении: «Меня беспокоит, что ты похудел, стал пропускать занятия». Если мы перестанем контролировать каждый его шаг, подавлять любую его инициативу, подглядывать и подслушивать, устраивать за ним слежку, распоряжаться его временем, интересами, общением, пространством, вещами, если вместо этого будем готовы его выслушать, то узнаем намного больше. И тогда сможем не волноваться, что он утаит от нас что-то действительно важное.

Свобода — базовая составляющая нашей жизни. Стремление к свободе заложено в каждом из нас природой, и ответственность родителей состоит в том, чтобы не задавить это ценное качество, а развить у ребенка вкус к свободе и умение ею пользоваться. Если нам это удастся, можно считать, что мы заложили краеугольный камень его будущей успешности и эффективности.

Как устанавливать границы

Успешный бизнесмен в детстве жил в двухкомнатной квартире в хрущевке. Семья мало что могла себе позволить. С 17 лет ему приходилось зарабатывать на жизнь. Зато у его сыновей есть все, о чем он не смел даже мечтать. Но как раз это его и беспокоит. В школе дети друг перед другом хвастаются семейными машинами, гаджетами, путешествиями. Они уверены, что весь мир у них в кармане, что им можно все. Учатся они без интереса, им бы только проводить время с друзьями. Только и слышишь: «Купи то, купи это». Попытки их как-то приструнить кончаются обидами и ссорами. Папу расстраивает, что мальчики растут неблагодарными, безответственными: «Что ни скажи, они от всего отмахиваются. Как сделать из них нормальных людей, как подготовить к реальной жизни?»

Безграничное или безразличное?

Сегодня детей не принято ограничивать — ни в потреблении, ни в поведении. Да и кто будет это делать? Учителям, особенно в частных школах, ни к чему «нарываться на скандал», няне «не до того», а родители не готовы обострять отношения, да и вечно нет времени и сил. К тому же свобода возведена в своего рода культ, поэтому нам совсем не хочется выглядеть белыми воронами — скрягами, менторами, тиранами, зажимающими собственных детей.

Но такая вседозволенность, такое «безграничное» воспитание — по сути, воспитание безразличное. Прикрываясь рассуждениями о свободе, мы на самом деле просто самоустраняемся. Детям необходимы границы, рамки, чтобы знать, что можно, а чего нельзя, и понимать, как себя вести. Если мы их не обозначим, ребенок будет нащупывать их сам, путем проб и ошибок, а это может дорого обойтись и ему, и нам. Устанавливать границы непросто, ведь придется преодолевать недовольство и сопротивление ребенка, но абсолютно необходимо. Как это сделать?

Вектор движения

Как правило, мы спохватываемся и начинаем воспитывать ребенка, когда его уже «занесло» или он ведет себя так, что дальше невозможно терпеть. Должны же мы как-то отреагировать! На самом деле наша задача — не реагировать, когда «гром грянул», а вовремя вводить правила и запреты, последовательно их придерживаться, постепенно расширяя границы дозволенного. Важно уметь говорить «нельзя» в спокойной обстановке, а не только тогда, когда что-то произошло и мы недовольны ребенком.

Вот те пять векторов, пять направлений, в которых нам необходимо двигаться.

Дать представление о «естественных последствиях»

Когда у ребенка возникает какая-то проблема, мы часто идем по пути наименьшего сопротивления: нам проще самим разрулить ситуацию, организовать ему «прикрытие», подстраховать, где надо и где не надо,

Ребенок будет больше нас уважать, когда поймет, что наше «нет» на самом деле означает «нет» и не зависит от нашего настроения или погоды за окном.

чем вникать, что и почему произошло, и уж тем более корректировать его поведение. Нахамил учителю? Мы тут же находим оправдание: «Он же такой свободолюбивый, а на него пытаются давить». Взял машину родителей и попал в полицию? Мы спешим на выручку: не сидеть же ему в обезьяннике.

Ребенок должен расплачиваться за свои действия и сам исправлять свои ошибки: насорил или разбросал вещи — убери, нахамил — извинись, истратил за неделю деньги, выданные на две, — сиди без денег. Если нарушение правил, границ не создает ребенку проблем, это значит, что для него их просто не существует, он будет нарушать их и дальше.

Реальная жизнь постоянно преподносит нам уроки, мы набиваем шишки, когда пересекаем очередную «красную черту». Поэтому и детям не надо создавать искусственный рай и чрезмерно ограждать их от жизни. Только так они смогут повзрослеть и выработать социальный иммунитет. А нам, родителям, надо контролировать прежде всего себя: не бросаться словами, не оправдывать детей и не делать за них то, что они должны сделать сами.

Научить уважать границы других людей

Пока ребенок маленький, он уверен, что мир крутится вокруг него: все о нем заботятся, все его обслуживают. По мере взросления ему придется расстаться с иллюзией, что он — центр Вселенной. Надо дать ему понять, что люди, которые его окружают дома и за его пределами, — это люди со своей жизнью, своими интересами, представлениями о мире. И не важно, чем они занимаются, знакомы они с ребенком или нет, — он должен соблюдать правила вежливости: говорить «спасибо», «пожалуйста», «извините», «разрешите»; здороваться и прощаться; не брать без спросу чужие вещи; не говорить грубых слов; благодарить за подарки. Вроде элементарно, но многие дети правилам вежливости не следуют, а их родители не обращают на это никакого внимания.

Конечно, и мы сами обязательно говорим ребенку «здравствуй» и «до свидания», «доброе утро» и «спокойной ночи». Это слова-ритуалы «прямого назначения», они структурируют наше поведение по отношению к другим, помогают выстраивать и соблюдать границы. Когда ребенок приходит куда-то с мамой, он не дополнение к ней, он — человек, персона, сколько бы лет ему ни было. Он говорит «здравствуйте», «до свидания» и не перебивает взрослых.

Здесь огромную роль играет поведение родителей, ведь дети всё замечают и берут с нас пример. Если мы ведем себя с другими холодно, бесцеремонно, не стоит удивляться, что ребенок может сказать няне в ответ на замечание: «Я пожалуюсь папе, и тебя уволят». Если же мы показываем пример уважительного отношения к людям независимо от их статуса, материального положения, состояния здоровья, дети будут это перенимать.

Обозначить границы в отношениях с близкими

Для ребенка отношения с родителями — самый первый опыт коммуникаций, на нас он отрабатывает основные навыки общения. А это значит, что при всей нашей любви, заботе, близости обязательно должны быть заданы границы, которые ребенку пересекать запрещено. Конечно, если нужно, мы готовы быть с ним на связи 24 часа в сутки, но у нас есть свои планы, дела, заботы. Поэтому с определенного возраста дети должны понимать, что нельзя распоряжаться временем мамы или папы по своему усмотрению. Надо объяснить ребенку, что нельзя грубить, повышать голос, влезать в разговоры старших, заглядывать в их сумки, входить без стука в спальню.

Важно держать определенную дистанцию, не допускать панибратства, которое часто переходит в хамство. Детям нужны родители, которые умеют отстаивать свои границы и не позволяют другим вторгаться на свою территорию — этот навык они тоже перенимают у нас. Мы имеем право в любой момент спросить с детей, потребовать, наказать. И это нормально — так проявляется адекватное позиционирование взрослого и ответственного человека по отношению к ребенку.

Учить отстаивать собственные границы

Ребенок должен понимать, что такое «прайвеси» — где начинается территория его личности, границы которой он будет оберегать. Надо учить его защищать свое «Я», отстаивать свои интересы.

Если мы видим, что кто-нибудь из детей помыкает нашим ребенком, можно сказать: «Меня смущает, что ты делаешь то, что надо этому мальчику и что хочет он. А твое мнение, твои желания? Почему ты не высказываешь их открыто?» Возможно, наш ребенок не понимает, что происходит, или боится, что с ним не будут дружить. Значит, надо поговорить об этом, обсудить, как лучше поступить. И объяснить ребенку, что иногда личные границы важнее дружбы.

Надо уметь говорить «нет» и взрослым людям. Если подруга мамы тискает ребенка, а он терпит,

Вседозволенность, «безграничное» воспитание — по сути, воспитание безразличное. Прикрываясь рассуждениями о свободе, мы на самом деле самоустраняемся.

или друг папы подшучивает над ним, а он злится, но молчит, — это серьезный повод для разговора. Вероятно, ребенок просто не знает, как высказать свое недовольство, не обидев другого человека, и надо его этому научить.

Умение сопротивляться давлению взрослых, особенно незнакомых, — это еще и вопрос безопасности. Нельзя называть чужим свой адрес, садиться в их машину, соглашаться куда-то с ними пойти или проводить их. Ребенок должен знать, что можно отказать, не объясняя причин и не вступая в диалог. Существуют памятки для детей, что делать в той или иной потенциально опасной ситуации. А родители могут помочь им усвоить эти правила, рассказывая о них и разыгрывая подобные ситуации в лицах. Защищая свое пространство, мы противостоим чужой воле. Это не так-то просто. И мы должны научить этому наших детей.

Ограничивать и контролировать

Безусловно, родители должны обеспечивать ребенка всем необходимым и даже давать чуть больше необходимого, но при этом воспитывать самоконтроль.

Как утверждают американские психологи, дети, обладающие достаточно высоким самоконтролем в возрасте 4–5 лет (не носятся в кафе, не кричат в общественных местах, не хватают все, что попадется под руку), вырастая, становятся более эффективными. А их сверстники, у которых не развит самоконтроль, повзрослев, больше склонны к курению, употреблению алкоголя, зачастую у них проблемы с законом и плохая кредитная история.

Но маленький ребенок не в состоянии сам себя ограничивать, ему хочется и того, и другого, и пятого, и десятого — у него пока нет чувства меры. Значит, регулировать потребности ребенка, устанавливать границы потребления, не потакая всем его прихотям, поначалу придется нам, родителям. Это касается не только вещей, но и информации, развлечений. Когда ребенок продолжает что-то у нас клянчить, мы говорим твердое «нет». Вот несколько волшебных фраз: «Я уже все тебе сказала», «Ты уже слышал ответ», «Я не стану это обсуждать», «Разговор на эту тему окончен». Ребенок будет больше нас уважать, когда поймет, что наше «нет» на самом деле означает «нет» и не зависит от нашего настроения или погоды за окном.

От слов к делу

Если мы хотим что-то изменить в поведении ребенка, особенно подростка, надо быть готовым к тому, что на это потребуется время. Действующие шаблоны сложились не за пять минут, хорошо усвоенные привычки не меняются в одно мгновение только потому, что тебе вдруг сказали: «Отныне все будет по-другому». Конечно, ребенок станет сопротивляться.

Мы пытаемся учить детей словами, но гораздо эффективнее наши конкретные действия. Например, мы говорим: «Пока не уберешь игрушки, не будешь смотреть мультики». В ответ ребенок ноет, канючит, злится, обижается. Мы сдаемся и в итоге все равно разрешаем смотреть, хотя игрушки продолжают валяться по всей комнате. Ребенок понимает: чтобы посмотреть мультики, вовсе не обязательно убирать игрушки, а нужно лишь «включить» что-нибудь эффективно действующее на родителей из своего богатого поведенческого репертуара. И в следующий раз не будет выполнять нашу просьбу.

Поэтому не надо удивляться и возмущаться, если ребенок «не понимает слов». Когда наши слова не подкреплены действиями, они не работают. Если мы вводим правило «мультики только после уборки», то должны последовательно его выполнять. И тогда ребенок это правило примет.

Я не заставляла детей убирать свою комнату, а после трех лет не входила к ним без стука: все-таки это была их территория. Но я говорила, что не терплю беспорядка. Они очень любили, когда я читала им на ночь. А я соглашалась делать это только в их комнате и только при условии, что там чисто. Если же по полу были разбросаны игрушки, я просто желала спокойной ночи и уходила. И чтобы «заманить» меня к себе, дети быстро убирали игрушки и вещи на место. Этот прием действовал безотказно с каждым из троих детей.

В первую очередь сами родители должны понимать, что правила — это не принуждение, а просто заведенный в семье порядок, когда у каждого есть права и есть обязанности. И все это не ограничение свободы, а условие пользования свободой.

Когда я беседую с родителями, я подчеркиваю, что нам надо прежде всего научиться контролировать себя, то есть посмотреть на свое поведение, на то, как мы выстраиваем и соблюдаем границы в повседневной жизни, в отношениях с ребенком и другими людьми. Самое первое представление о мире ребенок получает дома. Задавая определенные правила и соблюдая их, мы, по сути, задаем норму жизни. Тогда и ребенок будет придерживаться этих правил автоматически. И вероятность того, что он вырастет ответственным, самостоятельным человеком и выстоит в наше сложное время, значительно возрастает.

Как любить ребенка, если нет времени и сил

Мама двоих мальчиков пожаловалась мне, что совсем не успевает заниматься детьми. Она нацелена на карьеру, много работает. Ей комфортно в офисе, среди коллег, а дома ее раздражает, когда мальчишки начинают на ней виснуть и требовать внимания. Она не знает, во что с ними играть, и не понимает, почему надо тратить уйму времени на «бестолковые» занятия, когда для этого есть няня. На все эти нежности у нее просто нет сил, а открыто выражать свою любовь — для нее непосильная задача. Неужели она не любит своих детей и плохо справляется с родительской ролью?

Сложный выбор

В наше время к родителям предъявляется слишком много требований, но особенно достается мамам. Они должны иметь достойную работу, следить за новинками в области культуры, общаться с друзьями, поддерживать физическую форму, иметь увлечения — одним словом, быть в тренде. И при этом оставаться хорошими родителями, раз уж они завели детей. Разорваться невозможно, а важно всё. Как быть?

Нечасто, но встречаются крайние подходы к материнству, когда женщина либо полностью передает детей «на аутсорсинг», либо целиком посвящает себя их воспитанию. Нетрудно догадаться, что оба варианта несут в себе риски.

В первом случае заботу о ребенке мама перекладывает на няню, бабушку, реже — на папу. И здесь благополучие малыша во многом зависит от того, сможет ли этот человек стать для него «главным взрослым» в первый год его жизни и будет ли у ребенка в дальнейшем та самая безусловная материнская любовь, в которой он так нуждается.

Если женщина отказывается от работы и увлечений и полностью посвящает себя ребенку, возникает иллюзия, что она по-настоящему самоотверженная мать. Но такая включенность, такое интенсивное материнство сами по себе ничего не гарантируют. Кроме того, превратившись в «просто маму», она, как правило, не может реализовать себя, и ребенок видит рядом с собой не счастливого человека, а вымотанную, раздраженную, неудовлетворенную женщину. Нередко такие мамы потом попрекают детей тем, что «положили на них жизнь».

Большинство матерей пытаются успевать везде. Но чтобы чувствовать себя «хорошей мамой», женщина должна проводить с ребенком как можно больше времени, и она старается вовсю. Некоторые умудряются так организовать свою жизнь, что физически ребенок постоянно «при маме»: она берет его с собой на встречу с подругами в ресторан или на маникюр, он рядом, когда она работает «на удаленке» или переписывается с кем-то, уткнувшись в ноутбук или телефон. Но ребенок присутствует как некий фон, а не объект, на котором сфокусировано мамино внимание. Она занимается своими делами, и между ними не возникает реального контакта.

Мамам трудно так распределить свое время и силы, чтобы дать ребенку ту дозу любви и внимания, которая ему необходима, и при этом не упустить чего-то важного, не обделить вниманием мужа, друзей, близких, себя. Отсюда постоянное чувство вины, усталость, раздражительность.

Действенная любовь

Как же сделать так, чтобы, с одной стороны, сбросить с себя давящий груз напряжения и вины, а с другой — сделать взаимодействие с ребенком осмысленным и приносящим позитивные эмоции? Прежде всего надо понять, что дело не в количестве потраченного на ребенка времени, а в качестве нашего общения. Родительская любовь должна стать действенной.

В прекрасном эссе Эриха Фромма «Искусство любить» описаны четыре важнейших элемента такой любви: забота, ответственность, уважение и знание. Имеет смысл взглянуть на них в контексте сегодняшней жизни и взаимоотношений современных отцов и детей.

Забота

Забота проявляется прежде всего в чутком и внимательном отношении к потребностям и благополучию ребенка.

Само слово «забота» имеет позитивные коннотации. Кажется, чем ее больше, тем лучше. Но забота о детях не должна быть «всепожирающей», и на разных этапах жизни ребенку требуется разное ее количество — обратно пропорциональное его возрасту. До трех месяцев любые его требования выполняются без всякой задержки, а мама сосредоточена на нем. Потом паузы между его запросом и маминой реакцией потихоньку увеличиваются, забота дозируется, но все равно первый год — время, когда надо выложиться по полной. После этого уже можно делегировать часть заботы о ребенке кому-нибудь из близких.

Но как проявить заботу, если у нас на это всего час или полчаса в день? Можно взять за правило, придя с работы, первые пять минут посвятить ребенку: поздороваться, обнять его, приласкать. Если он уже ходит в школу, можно сделать традицией готовить ему вкусный завтрак по утрам и провожать на занятия. Можно созваниваться после уроков, чтобы узнать, как прошел день, а вечером вместе смотреть сериал. Когда мы, несмотря на занятость, приходим на важное для ребенка мероприятие или организуем праздничный семейный ужин по случаю его возвращения из летнего лагеря, это тоже забота. Главное, дать почувствовать ребенку, что это время принадлежит только ему.

Но, конечно, надо понимать, о чем стоит заботиться, а о чем не стоит. Я, например, не заботилась о том, положил ли мой сын нужную тетрадку в портфель, сделал ли уроки и за что получил двойку. Родительская забота как раз в том и состоит, чтобы ребенок научился заботиться о себе сам: собрать портфель, погладить одежду на утро, приготовить простую еду. Так мы сможем вырастить не инфантильного, а уверенного в себе, решительного человека.

Наша забота — это подушка безопасности для ребенка. Он знает, что его любят, что в трудный момент он может на нас рассчитывать, и потому чувствует себя свободно, спокойно, с доверием относится к миру и людям.

Ответственность

Мы в ответе за своего ребенка до тех пор, пока не вырастим его. Поэтому мы думаем не только о том, чтобы он был «сыт, обут, одет», но и о его воспитании, образовании, досуге, о его будущем, мы вкладываемся в его развитие — все это тоже проявления любви.

Безусловно, ответственность не означает гиперопеку и чрезмерный контроль. Найти хороший сад, школу, кружок, секцию, замотивировать ребенка туда ходить и помочь ему не сойти с дистанции — само по себе уже большое дело. Но бывает, мамы начинают везде ходить со своими детьми и заставляют их чувствовать себя крайне неловко. Надо найти золотую середину, чтобы держать руку на пульсе и отпускать ее, если ситуация позволяет.

Важно быть рядом именно тогда, когда надо: четко видеть те ситуации, где нужно вмешаться, — перевести в другую школу, выяснить отношения с учителем, проверить состояние здоровья. Или, наоборот, не вмешиваться, но быть готовым вовремя прийти на помощь.

Для каждого возраста есть ключевые темы, к которым нужно быть особенно внимательными. Для малышей это смена обстановки или няни, для младших школьников — отношения с учителями, оценки и успехи в школе, для подростков — общение со сверстниками, личная жизнь, первая любовь. Дети остро переживают, если засохло посаженное ими дерево или умер домашний питомец. Для них плохо ответить на уроке, к которому готовился, — серьезный стресс. Не попасть в школьную команду или на день рождения к другу — настоящее горе. Надо подключаться в такие моменты, утешать, помогать. Это мощное проявление любви и необходимая поддержка ребенка в его дальнейшей жизни.

Родители несут ответственность и за отношения с детьми. Абсолютно недопустимо и безответственно обижаться на ребенка, игнорировать его, в качестве наказания не разговаривать с ним по две недели. Бывает, родители развелись, живут отдельно, и отец жалуется, что сын не идет с ним на контакт: на звонки не отвечает, при личном общении двух слов из него не вытянешь. Отец обижен: «Подрастет, поумнеет, тогда и поговорим, алименты я перевожу, пусть мать его сама воспитывает». Но если мы хотим, чтобы ребенок ощущал нашу любовь, мы должны не самоустраняться, не уходить в тень, дожидаясь, пока он первым сделает шаг навстречу, а выстраивать отношения, понимая, что даже шестнадцатилетний подросток не способен самостоятельно решить коммуникативные задачи такого уровня. Проявить гибкость, снять напряжение и установить теплый контакт — это уровень компетенции и ответственности родителей, а не детей.

Уважение

В чем проявляется уважение к другому человеку? В том, что мы с ним считаемся: учитываем его интересы, планы, мнения. В отношении ребенка уважение может проявляться уже с первых дней его жизни. Мы реагируем на его плач, пытаемся понять, чего он хочет, кормим его, согреваем, укачиваем. Когда его потребности меняются, становятся более разнообразными и сложными, мы тоже стараемся их уважать. Мы соглашаемся с тем, что ему что-то

Установить теплый контакт, снять эмоциональное напряжение, проявить гибкость — это уровень компетентности и ответственности родителей, а не детей.

нравится, а что-то — нет, то есть воспринимаем его как самостоятельную личность.

Когда мои дети были маленькими, мне не раз приходилось слышать: «Как это так, твой сын не хочет ехать в гости к твоей подруге?» Я знала, что ему буквально физически тяжело терпеть ее бурные проявления радости от встречи с ним. А повлиять на подругу было практически невозможно. Я уважала чувства сына и оставляла его дома.

Разумеется, речь не идет о том, чтобы потакать всем желаниям ребенка. Во многих случаях мы говорим: «Это будет так, и только так». Например, надо мыть за собой посуду, и это не обсуждается. Мы не кричим, не унижаем его, а спокойно и уважительно настаиваем на своем.

Мы принимаем ребенка таким, какой он есть, видим его уникальность, его таланты и даем ему возможность развиваться в своем темпе и в соответствии с собственными интересами, наклонностями и способностями. Важно уважать его своеобразие и непохожесть на нас.

Как ребенок может ощутить, что его уважают? А как мы сами это ощущаем? Нам важно, интересуются ли нашим мнением, насколько внимательно слушают нас, перебивают или нет, делятся ли информацией, приглашают ли к обсуждению? Нас уважают, если общаются с нами на равных, вежливо, доброжелательно, без попыток навязать свое мнение и подчинить своей воле, сотрудничая, а не манипулируя.

В процессе общения мы ориентируемся и на невербальные сигналы. Имеет значение тон голоса: мягкий или грубый, спокойный или резкий, доброжелательный или раздраженный (как часто мы слышим или произносим «Подойди сюда, я сказала!»,

«Ну-ка прекрати немедленно!»). Поза — тоже характерный признак: мы возвышаемся над ребенком и строгим указующим жестом показываем, что надо сделать, или опускаемся на уровень его роста, устанавливаем зрительный контакт и с улыбкой на лице разговариваем.

Еще одна составляющая уважения — доверие, например готовность поручить ответственное дело. Четырехлетнего малыша можно попросить расставить на столе посуду к приходу гостей, полить цветы. Младшего школьника — регулярно ухаживать за домашним питомцем, помочь приготовить ужин. Подростку можно разрешить остаться одному дома на несколько дней или отправиться в самостоятельную поездку.

Знание

Чтобы узнать своего ребенка, надо подмечать детали и задавать вопросы, стремиться быть ближе, интересоваться его жизнью, вкусами, предпочтениями: что он любит на завтрак, какая музыка ему нравится, с кем он дружит. Дети хотят, чтобы их спрашивали, чтобы ими интересовались. Главное, не просто задавать вопросы, а выстраивать диалог: слушать ответы, уточнять, конкретизировать.

Но это не должны быть инспекторские, пристрастные вопросы. Можно спросить с юмором: «Ну, за что тебе сегодня влетело?» Надо дать ребенку возможность уйти от ответа, если он не хочет разговаривать прямо сейчас. Часто дети не рассказывают важные вещи сразу, но, например, вечером, перед сном, ребенок вдруг начинает делиться чем-то сокровенным, говорить о том, что его огорчило (или, наоборот, очень обрадовало).

Многие родители хотят знать о детях всё: читают личную переписку ребенка или подслушивают телефонные разговоры, а потом ужасаются их содержанию и стилю. Мой первый вопрос к таким родителям: «А зачем вы туда полезли?» Я никогда не залезала в портфели и карманы своих детей. Даже предупреждала: «Кладешь вещи в стирку — проверь карманы, потому что никто их проверять не будет».

Родителям надо знать только то, что действительно необходимо: хорошо ребенку или плохо и почему. Например, если мы записали ребенка в кружок и привели его на занятие, важно не просто сидеть в коридоре и ждать окончания, а поинтересоваться, как чувствует себя ребенок: адаптировался ли он или испытывает чрезмерный стресс от того, что преподаватель кричит на детей. Мы должны вникать в суть происходящего.

Счастливые моменты

Четыре элемента действенной любви взаимосвязаны: ответственность предполагает заботу и уважение, а уважение — знание и т. д. Это деятельное участие в жизни ребенка, терпение, бескорыстие, способность отдавать, не требуя ничего взамен. Требовать мы должны только от себя, последовательно и постоянно.

«Но мы и так много делаем для своих детей: вкладываемся в них, воспитываем, развиваем… Что же еще от нас требовать?» — скажут современные продвинутые родители. В том-то и дело, что наша любовь трансформировалась в постоянное воспитание и управление. У нас уже не остает-

Наша забота — это подушка безопасности для ребенка. Он знает, что любим, что в трудный момент он может на нас рассчитывать, и потому чувствует себя свободно, спокойно, с доверием относится к миру и людям.

ся сил на «просто любовь»: приобнять, приласкать, потискать, посмотреть вместе фильм, пошептаться перед сном. Мы все время жалуемся на занятость, но при этом не используем самые простые возможности подарить детям положительные эмоции. Например, забрать малыша из детского сада в хорошем настроении, похвалить за то, что он отлично себя вел, принести небольшой сюрприз: конфету, любимую игрушку. Или устроить субботним утром бой подушками, посоревноваться в том, кто лучше умеет корчить рожицы или разговаривать смешными голосами. Несколько минут смеха в день — тоже важная часть нашей заботы о ребенке и наших отношениях. Именно такая — обыденная, незатейливая, но искренняя любовь необходима детям как воздух, без нее они чахнут, засыхают, как растение, которое перестают поливать.

Канадский нейробиолог Майкл Мини провел интересный эксперимент: он выделил группу крыс с высоким уровнем ВУ (вылизывания и ухода за детенышами) и сравнил их потомство с крысятами из контрольной группы. Выяснилось, что детеныши «заботливых» крыс вырастали в семь раз более спокойными и уверенными, чем другие малыши. Они были более любознательными и общительными, менее агрессивными. Эти крысята проводили больше времени на открытом пространстве, быстрее осмеливались попробовать еду, лежавшую в незащищенном месте, и дольше ее ели. Ученые обнаружили огромную разницу в строении тех частей головного мозга крыс, которые регулируют стресс.

«Вылизывание» и «ухаживание» — вот чего ждут от нас дети и чего не получают. А это как раз и есть тот «витамин любви», в котором ребенок больше всего нуждается физиологически и психологически, который необходим ему для выживания, полноценного развития и взросления. И времени на все эти «обнимашки» надо совсем немного. Главное, чтобы это было от души. Так мы сделаем и свою жизнь, и жизнь наших детей ярче и насыщеннее, а в ответ обязательно получим заботу, уважение, внимание. И тогда ребенок вырастет близким, родным нам человеком, и образ родителей в его сознании всегда будет связан с теплом и любовью.

Зачем нужны поражения

Тринадцатилетний мальчик всегда хорошо играл в теннис, очень его любил, был первым среди сверстников. Родители это всячески поощряли и очень им гордились. В доме даже была специальная комната для его спортивных трофеев, где стены увешаны грамотами, дипломами и фотографиями: вот сын только взял в руки ракетку, вот первый раз вышел на корт, вот он с тренером, с соперниками и товарищами по команде. Эту комнату всегда показывали гостям. Но на последних соревнованиях мальчик занял второе место и так расстроился, что наотрез отказался ходить на тренировки.

Не повод сдаваться

Людям, многого добившимся в жизни, хочется и своих детей видеть победителями — в учебе, творчестве, спорте. И мы даем детям понять — иногда открыто, иногда опосредованно, — что всегда надо стремиться стать лучшим, первым, самым быстрым, самым сильным, самым умным, самым талантливым. Надо достигать и побеждать, иначе нельзя — «Посмотри на папу!». Хорошо, если они оправдывают наши ожидания, — тогда мы с удовольствием рассказываем всем об их успехах. А если нет?

Дети часто реагируют на поражения, проигрыши желанием все бросить. А как при этом ведем себя мы, родители? Вспомним свою первую реакцию. Вот ребенок плачет, швыряет ракетку, кричит: «Я больше не пойду на этот дурацкий теннис!» Что делаем мы? Одни говорят: «Да ладно, брось, ерунда». Нам кажется, что так мы его успокаиваем, а по сути — просто игнорируем, обесцениваем и его чувства, и само событие. Другие пытаются сразу свалить вину на кого-то: на тренера (не так тренировал), на судей (не так судили), на врача (выпустил на соревнования с невылеченной коленкой), на зрителей (у соперника группа поддержки громче кричала). А третьи начинают винить ребенка: «Я тебе столько раз говорил, а ты...» Но подобными действиями мы только усугубляем ситуацию.

В первую очередь мы должны посочувствовать ребенку, присоединиться к его переживаниям. Но это не значит, что надо буквально рыдать вместе с ним, как это делают некоторые родители. Лучше сказать: «Конечно, тебе обидно, ты ведь столько готовился. Но так бывает». Он должен увидеть, что мы воспринимаем его проигрыш вполне серьезно, не отмахиваемся от его эмоций, но при этом не делаем никакой трагедии из того, что произошло. Дети, особенно маленькие, часто бурно реагируют на поражения, боясь, что родители перестанут их любить. Если же ребенок чувствует, что мы спокойны и что наша любовь не зависит от того, выиграл он или проиграл, первый он или десятый, то и его отношение к неудачам станет другим, он вряд ли будет устраивать истерики.

Мы можем стремиться к успеху, но победитель всегда один. А что делать тем, кто занимает вторые, пятые, десятые места? Записывать себя в неудачники? Наоборот, надо извлекать уроки из своих ошибок, думать, анализировать, делать выводы. Это не повод сдаваться. Поражения — такая же часть жизни, как и победы.

Человеку свойственна одна из двух стратегий поведения: одна нацелена на достижение желаемого, другая — на избегание неудач. Кто-то бросается в бой, даже если шансы на успех невелики, а кто-то использует только те возможности, которые обеспечивают гарантированный результат. Тот, кто боится сделать неверный шаг, предпринимает меньше попыток, чем тот, кто пробует, даже зная, что может проиграть. Количество переходит в качество, в результате шансы на серьезный прорыв, безусловно, выше у того, кто не боится рисковать, использует любые возможности, учится на своих ошибках.

Томас Эдисон, который прошел через сотни неудачных опытов, всегда повторял в случае осечки: «Да, теперь я увидел, что и этот способ не работает». Первую книгу о Гарри Поттере отвергло 12 издательств, но Джоан Роулинг не сдавалась, пока одна небольшая редакция не решилась напечатать книгу маленьким тиражом. Когда я занималась велоспортом, у нас было такое правило: даже если ты упал, получил травму и у тебя уже никаких шансов на призовое место, надо продолжить гонку и финишировать независимо от результата — это будет победой над собой. Подобные примеры показывают, что успех не всегда приходит сразу, а отрицательный результат — тоже результат. Важно твое отношение к поражениям: от этого зависит, станут ли они фундаментом для будущих побед.

Учить держать удар

Мы печемся о том, чтобы наш ребенок был хорошо воспитан, умел себя вести, но совершенно забываем о воспитании важнейшего качества: принимать и выдерживать удары судьбы, разумно, твердо и спокойно относиться к поражениям. Если ребенок этому научится, мы можем быть за него спокойны — он многого добьется в жизни. Развить, «взрастить» в нем это качество — непростая, но очень важная стратегическая, долгосрочная цель. Как к ней приблизиться?

И опять стоит начать с себя — оценить собственное поведение: способны ли мы сами достойно принимать поражения и быть для детей примером? Сколько бы мы ни пытались убедить их, что к проигрышам надо относиться спокойно, если мы сами при каждой неудаче хватаемся за голову и причитаем «ужас, ужас, ужас», толку не будет. Дети всё видят, всё замечают и подражают нам, причем не столько нашим словам, сколько эмоциям и поступкам. Поэтому мало просто «правильно себя вести» в случае провала, надо рассказывать им истории, в том числе из собственной жизни, когда мы не прогибались под грузом неудач и продолжали бороться.

Сегодня родители из всего устраивают гонки, насаждая дух соперничества во всем: кто из детей первым заговорил, кто первым начал бегать, выучил буквы, научился собирать LEGO, заговорил по-английски. Малыш еще писается по ночам, а родители уже устраивают разборки с воспитателем в детском саду: почему рисунок их сына не отметили в числе лучших, почему его не выбрали солистом в хоре, ведь он громче всех поет. А потом прорабатывают ребенка: объясняют, что надо сделать, чтобы в следующий раз попасть в «топ-лист». Результатом такой тотальной соревновательности становятся детские неврозы: ребенок начинает ревновать к чужим успехам, боится не выиграть, не добиться, не «соответствовать». У него снижается самооценка, он плохо спит, плохо ест, перед очередным состязанием у него поднимается температура, его тошнит.

Опыт поражений помогает сформировать стойкость — способность оправиться после неприятностей, быть более гибким, не бояться пробовать что-то новое, быстро реагировать на изменения.

Надо научить ребенка получать удовлетворение не только от очевидных достижений и побед, но и от самого процесса занятий, включенности в дело. Родители могут это сделать, только если не сравнивают ребенка с другими детьми, а подбадривают его и сами интересуются в первую очередь процессом, а не результатом. Например, сами могут взять в руки ракетку и поиграть с ребенком в теннис ради удовольствия, а не в качестве очередной тренировки.

Еще один важный момент: нам надо научиться правильно хвалить ребенка. Нельзя хвалить постоянно и неуемно, считая каждый его шаг великим достижением. Нарисовал цветок — «ах, как талантливо!», прокатился по дорожке на велосипеде — «наш чемпион!», попытался бросить мяч в баскетбольное кольцо — бурные аплодисменты! Не надо сопровождать ребенка во всех его делах, нахваливая за участие и «обкладывая ватой» его самооценку.

Не нужно постоянно сравнивать его с другими. Важно отмечать его собственные достижения и сравнивать лишь с ним самим: «Сегодня ты сделал это еще лучше, чем на прошлой неделе!», «Твой рисунок стал более четким», «Техника твоего прыжка улучшилась». Великие тренеры, настраивая спортсменов, никогда не говорят: «Выиграй!», «Займи первое место!» Они говорят: «Покажи самому себе, на что ты способен». Российский лыжник Александр Большунов, завоевавший бронзовую медаль в спринте на Олимпиаде-2018, рассказал журналистам: «Что говорил тренер? Никого не жди, не играй в кошки-мышки, а держи свой темп... Что советовали родители? Не суетиться, быть спокойным и показать результат. Вообще, главный мой соперник — это я сам. Сумеешь преодолеть, тогда все получится». Очень кстати будет вспомнить глубокую и точную строку Бориса Пастернака: «Но пораженья от победы ты сам не должен отличать».

Наша общая победа

И нам, и нашим детям важно научиться достойно принимать проигрыши, не теряя мотивации, не обесценивая цель, которая не была достигнута, сохраняя устойчивость и веру в себя.

Дело, которым ребенок занимается, должно ему, во-первых, нравиться. Во-вторых, ему важно чувствовать, что он успешно развивается в этом направлении и становится лучше с каждым годом. И в-третьих, хорошо, когда есть «планы на будущее» — цели, которые он перед собой ставит и к которым хочет двигаться. Эти три элемента увеличивают шансы на успех в любом виде деятельности.

Опыт поражений помогает сформировать стойкость — способность оправиться после неприятностей, быть более гибким, не бояться пробовать что-то новое, быстро реагировать на изменения. Если такого опыта нет, ребенок будет цепляться за привычные, понятные занятия и не сможет от них оторваться. «За одного битого двух небитых дают» — поговорка, которая становится все актуальнее. Нужно приобретать опыт «битого».

Как говорил Уинстон Черчилль: «Успех — это умение двигаться от неудачи к неудаче, не теряя энтузиазма». Если мы, родители, сумеем воспитать в нашем ребенке столь важное качество, это станет нашей с ним общей большой победой!

Как страх воспитывает смелость

Мальчик 11 лет занимается с репетитором французским языком. Он прекрасно говорит по-французски, часто бывает с родителями во Франции. На школьный новогодний вечер, в котором должны были участвовать сразу несколько классов, он самостоятельно подготовил длинное стихотворение на французском. Но за два дня до концерта вдруг заявил, что не станет выступать: он боится, что все будут над ним смеяться. И никакие уговоры и увещевания, что, мол, надо быть смелым, преодолевать свой страх, что он прекрасно выступит, если не будет бояться, не помогли.

Осознанный риск

Смелость отличает любого успешного человека. Многого добиться сможет только тот, кто готов рисковать. Недаром говорят: «смелость города берет», «смелого пуля боится», «кто не рискует, тот не пьет шампанского». Исследования ученых подтверждают, что даже материальный достаток связан с готовностью рисковать — у смелых получается не только заработать, но и сохранить заработанное. Да, можно добиться успеха и без риска, перебираясь с одной ступеньки на другую, но чтобы совершить качественный скачок, необходимо «бросить на карту все». При этом надо понимать, что чем значительнее, интереснее, весомее цель, тем выше вероятность потерпеть фиаско.

Многие думают, что смелые люди не видят опасности, не просчитывают варианты, не понимают, на что идут, что они безрассудны — бросаются «в омут с головой». Но это не так: смелость, бесстрашие — это осознанный риск, а не бесшабашность. Прыгать с парашютом страшно? Конечно, но смелый человек контролирует свой страх, он его «оседлал». Смелый способен взять верх над неуверенностью, пойти на риск там, где большинство бездействуют, потому что боятся потерять и проиграть.

Что удерживает нас от смелых поступков? Страх изменить свою жизнь, отказаться от привычного, устоявшегося, выйти из зоны комфорта и переместиться в зону неопределенности. Большинство предпочитают не рисковать. И слава богу — такие люди поддерживают стабильность нашего мира. Но если мы хотим, чтобы наш ребенок был успешным, надо учить его действовать в условиях неопределенности, справляться со страхами и растерянностью.

Безопасное детство

В те времена, когда сегодняшние родители были детьми, еще существовала детская дворовая культура, воспитывавшая много важных качеств: коммуникабельность, взаимопомощь, готовность заступиться, поддержать, сделать что-то вместе. А еще самостоятельность и смелость. Дети бегали, играли, дрались, залезали на деревья, сидели на заборах, прыгали с тарзанок в воду — одним словом, рисковали. Родители не нависали над ними, не контролировали каждый их шаг.

Сегодня ситуация изменилась кардинально. Мы, как параноики, следим за детьми круглосуточно, в том числе и с помощью электронных девайсов. Рискованные шалости категорически запрещены, у детей больше нет возможности выйти за пределы охраняемой территории, почувствовать риск хотя бы в малых дозах, на своем опыте понять, чем он может обернуться, и научиться выбирать меру допустимого риска.

Казалось бы, мы делаем все, чтобы дети не узнали, что такое опасность, что такое страх, а они, напротив, начинают бояться «всего и вся», и чем старательнее мы их оберегаем, защищаем, тем больше они зависят от своих страхов.

Кроме охранительной стратегии — изоляции ребенка от мира и контактов со всем, что кажется ему страшным, — родители, к сожалению, применяют еще две стратегии, не самые эффективные. Первая — игнорирующая, когда страхи ребенка обесцениваются, высмеиваются. Это не помогает избавиться от страхов, а, наоборот, загоняет их внутрь и отдаляет ребенка от родителей. Вторая — пугающая, когда ребенка наказывают именно тем, чего он боится: «Боишься темноты — сиди в темной комнате». Это тоже только усугубляет проблему: страхи никуда не исчезают, они принимают более опасные для ребенка формы. Результатом могут стать агрессия или не всегда заметная аутоагрессия — когда ребенок причиняет вред уже самому себе. Воспитывая в детях смелость, нам предстоит поменять эти неэффективные стратегии на действенные, позитивные.

Оседлать свой страх

Страх может не только мешать, но и помогать. Страх мобилизует силы человека в критической ситуации, дает нам опыт, диктует стратегию поведения в случае опасности. А мешает он тогда, когда мы попадаем от него в зависимость. Как помочь ребенку сделать страх своим союзником? Попробуем вместе пройти этот путь в несколько шагов.

Признать, что боишься

Ребенку нужно осознать, что он испытывает страх, и определить, чего именно он боится: ходить по пустым темным улицам, ездить в лифте, отвечать у доски, оказаться один на один с группой незнакомых подростков, которые могут бросить снежок или посмеяться над ним. Дети часто боятся Кощея или Бабы-яги: для них это воплощение зла, жестокости и коварства, которые противоположны понятиям доброты, любви, искренности. Детям страшно, что с ними может произойти нечто непоправимое. Даже высказанное вслух признание «я боюсь, мне страшно» и спокойный, откровенный разговор на эту тему будут иметь огромный психотерапевтический эффект. И хорошо бы не забывать посидеть рядом, когда ребенок засыпает, обнять, погладить по голове. Любовь и внимание — прекрасные помощники в преодолении детских страхов.

Надо объяснить ребенку, что испытывать страх — это нормально, это обычные человеческие переживания, мы и сами в детстве боялись темной комнаты, а сейчас боимся чего-то другого: кто-то — высоты, а кто-то — быстрой езды или пауков.

Превратить страшное в нестрашное

Существует много разных способов принять свой страх и даже подружиться с ним.

Можно предложить ребенку выразить свой страх — нарисовать его в виде чудища, а потом этот рисунок можно перечеркнуть, разорвать, сделать из него самолетик и запустить с балкона. Можно вылепить свой страх из пластилина, а потом размять его и слепить что-нибудь другое. Можно разыграть сценку-перевертыш, в которой ребенок будет тем, кого он боится: монстром, строгим учителем, мальчиком, который на него нападает, а мама или папа будут играть роль малыша, который трясется от страха. Лучше всего разыгрывать эти сценки с юмором, потому что смех разрушает страх, страшное превращается в нестрашное, страх изживается.

Идти навстречу страху

Выдающийся психолог Виктор Франкл предложил для борьбы со страхом прием парадоксальной интенции, суть которого в том, чтобы осознанно идти навстречу страху и испытать то, чего мы так боимся. Франкл приводит такой пример: человек очень боится вспотеть, и от этого потеет еще больше. Чтобы разорвать порочный круг, можно начать потеть «намеренно», иронизируя по этому поводу: «О, в этот раз я вспотел в 10 раз сильнее!»

Нужно давать себе конкретные задания, тренироваться, постепенно переходить от легкого к трудному. Это можно делать в любом возрасте, расширяя для себя границы возможного. Например, ребенок боится темной комнаты. Он может туда зайти сначала с большим ярким фонарем, потом с фонариком на мобильном телефоне.

Если ребенок боится собак, вначале можно показать ему видео про то, как другие дети подходят к собакам, гладят их, играют с ними. Потом вместе с мамой погладить собаку, которая до этого внушала ему ужас. А потом и одному подойти к собаке.

Чтобы показать, в чем польза «страшного» пылесоса или фена, сделаем ребенка участником процесса: вместе уберем мусор в комнате, высушим волосы феном после посещения бассейна. Если действовать мягко и ненавязчиво, мы увидим, как детский страх переходит в восторг.

Выступление перед классом можно отрепетировать дома сначала перед мамой, потом перед мамой и папой, затем перед всей семьей. Почувствовав нашу поддержку и обретя уверенность, ребенок сможет смелее выйти на публику.

Набирать опыт риска

Нужно сознательно идти на риск — только так формируется смелость и стрессоустойчивость. Каждый день надо в чем-нибудь рисковать. Детям нравится испытывать страх и преодолевать его, в детской культуре для этого есть специальные игры, вербальные и двигательные. Все эти истории про «черную комнату», «красную руку» и «зеленые глаза», которые дети рассказывают друг другу по ночам, существуют как раз для того, чтобы испугаться, а потом справиться со страхом.

Раньше, когда дети играли все вместе, они делились опытом преодоления страха. Теперь жизнь детей так организована, что им нужна помощь родителей. Приходится думать об этом специально

Страх мобилизует силы человека в критической ситуации, дает нам опыт, диктует стратегию поведения в случае опасности. А мешает он тогда, когда мы попадаем от него в зависимость.

и создавать в меру опасное пространство, не запрещать потенциально опасные действия — рискованные игры, походы, спорт, где можно даже получить травму. Важно подбадривать детей и адекватно реагировать на набитые ими шишки.

Контролируемый риск — это тренинг смелости. Разумеется, жизнь ребенка должна быть в безопасности, но, получив опыт легкой травмы, он узнает, что любое падение — это не крах, а всего лишь неприятность, что надо смазать ссадину зеленкой и бежать дальше.

Детям важно объяснять, что в ситуациях, которые вызывают у нас страх, мы можем поначалу выглядеть нелепо, над нами могут смеяться. Но нет другого способа набраться опыта. Только преодолевая страхи, дети получают от них прививку.

Смелость — это готовность идти на риск: получится — не получится, удастся — не удастся, смогу — не смогу, упаду — не упаду. Детей нужно приучать поднимать планку, не бояться идти вперед без всяких гарантий. Так не только увеличиваются шансы на успех, но и жизнь становится намного интереснее.

Как понять, что у него на уме

В одной московской семье есть хорошая традиция — по воскресеньям родители с детьми ходят в театр или на концерты. Иногда к ним присоединяются друзья или бабушка с дедушкой. Но последние пару месяцев 12-летний сын выходные предпочитает проводить в компании друга и его родителей. Его тянет к этой семье, а мама с папой, конечно, обижаются: «Нам казалось, мы отлично проводим время вместе. А теперь только и слышим от него: "Не пойду я в ваш дурацкий театр"». Когда родители пытаются поговорить с мальчиком, разговор не клеится, на все вопросы он отвечает так: «Да я уже сто раз объяснял, вы все равно ничего не понимаете».

От критики — к беседе

Чтобы найти общий язык с ребенком, нам надо прежде всего научиться его слушать и слышать. Казалось бы, что в этом сложного — «имеющий уши да услышит»! Тогда почему столько проблем?

Слушать другого вообще трудно, а услышать, чтó он на самом деле хочет до нас донести, еще труднее. Но как бы ни было трудно, будем учиться сами и параллельно учить нашего ребенка общаться и разговаривать. Как это сделать? Для начала выбрать в нашем плотном графике время. Я говорю не о совместном завтраке или ужине, походе в театр или кино, а о вдумчивой эмоциональной беседе тет-а-тет. Да, мы меняем стиль общения: от инструкций и критики переходим к беседе.

Обычно я говорю родителям, что не существует универсальных способов решения той или иной проблемы. Это тот редкий случай, когда есть рецепт, который подходит всем, — активное слушание!

Активное слушание — это умение не только выслушать, но и понять собеседника, в данном случае ребенка, отставив в сторону собственные мысли и чувства и посмотрев на все с его позиции. Так мы сможем увидеть мир его глазами и ощутить то, что чувствует он. Активное слушание нужно для того, чтобы понять ребенка, а не выдвинуть и защитить свою точку зрения.

Техник активного слушания не так много, и ими стоит овладеть.

Молчаливое слушание

Нам надо научиться «внимательно молчать». Даже если ребенок говорит «глупости», мы не перебиваем, не вставляем свои реплики, но всем своим видом — позой, мимикой, жестами — даем понять, что он говорит не в пустоту.

Традиционно выделяют открытую и закрытую позы: закрытая (скрещивание ног или рук) считается холодной, отталкивающей; открытая (без скрещивания рук и ног) — напротив, теплой и принимающей. Когда мы внимательно слушаем ребенка, мы невольно принимаем открытую позу — подаемся чуть вперед. Вспомним картину — Пушкин, слушающий няню Арину Родионовну. Иногда одной такой позы бывает достаточно, чтобы ребенок начал говорить, чем-то делиться.

Нам надо научиться «внимательно молчать». Даже если ребенок говорит «глупости», мы не перебиваем, но всем своим видом — позой, мимикой, жестами — даем понять, что он говорит не в пустоту.

Подтверждением того, что мы слушаем, может быть и кивок головы, и даже изменение выражения лица. Мы стараемся поддержать ребенка эмоционально: периодически повторяем «мм», «да», «ага», «угу», что означает «продолжай, я внимательно слушаю». Мы не мешаем ему рассуждать, напротив — создаем свободное пространство для «самовыражения». Мы не оцениваем, не выпытываем, не советуем, а только слушаем. И не навязываем более важную, с нашей точки зрения, тему разговора. Мы даем возможность рассказать о том, что его по-настоящему занимает, а что заставляет сомневаться, что тревожит, а что делает счастливым.

Выдержать паузу

Мы даем ребенку высказаться. Задав вопрос, дождемся ответа. Выслушаем и помолчим задумавшись: так мы показываем, что относимся к его ответу серьезно. Если он замолчал, остановился, не будем спешить с ответной репликой. Пауза побуждает продолжать. Возможно, он закончит мысль, которую постеснялся высказать. Пусть выговорится вволю. У нас еще будет время отреагировать на услышанное.

Когда ребенок почувствует, что его слушают, он начнет говорить свободнее. Постараемся вдуматься в его слова и понять, что за ними стоит — какие страхи, обиды, переживания.

Зрительный контакт

Когда мы смотрим в глаза ребенку, он понимает, что мы сосредоточены только на нем, что нам важно и интересно все, что он говорит. Контакт «гла-

Беседа с ребенком — это вариант «трудных переговоров». Нам надо всматриваться в каждую мелочь, слышать каждое слово, чтобы понять «партнера».

за в глаза» помогает преодолеть недоверие, «растопить лед», почувствовать близость. При этом взгляд должен быть не таким, какой обычно бывает, когда мы критикуем, поучаем или ругаем детей, и не пронизывающим — как на допросе у следователя, а очень деликатным и спокойным, чтобы не спугнуть, не разрушить возникшую эмоциональную связь. Ребенку важно видеть в наших глазах любовь и понимание.

Зеркализация

Непростой, но очень эффективный прием — «отозваться эхом», отзеркалить позу, речь ребенка, его жесты, мимику, интонации, смысловые ударения, паузы. В результате возникает психологическая общность, помогающая нам выйти с ним «на одну волну», подстроиться, перейти на его язык.

Зеркализация — это не передразнивание и не имитация, а активное наблюдение, приметливость. К примеру, поза отражает душевное состояние собеседника — значит, приняв ту же позу, мы лучше его почувствуем. Смысл зеркализации не в том, чтобы втереться в доверие к ребенку, а в том, чтобы лучше его понять.

Прояснение смысла

Захлестывающие, яркие, интенсивные, но не понятные ребенку чувства взрывают и дезорганизуют весь его внутренний мир. Поэтому важно помочь ему их выразить, назвать вещи своими именами. Для этого можно использовать парафраз: мы озвучиваем его мысли, и он получает возможность услышать себя со стороны, а значит, осознать и оценить собственную позицию.

На реплику подростка о том, что «хватит ему указывать…», можно ответить так: «Я вижу, тебя бесит, когда мы строим планы на выходные, не спросив тебя». Если мы попадаем в точку, ребенок, как правило, остывает, кивает «ну да…» — значит, его правильно поняли. Тем самым мы помогаем ему не только разобраться в собственных мыслях и переживаниях, но и снизить накал негативных эмоций. По мере того как растет его уверенность в нашем искреннем желании его выслушать, барьер между тем, что происходит у него внутри, и тем, что он сообщает нам, постепенно рушится. Он начинает доверять нам свои чувства и мысли и даже отвечает на традиционный родительский вопрос «как дела?» не просто формальным «нормально».

Резюмирование

В завершение нашего диалога мы подводим итог, выделяем основную мысль, формулируем общий вывод. В нашем примере это могло бы выглядеть так: «Если мы правильно тебя поняли, ты предпочел бы провести это время по-другому, например в компании друзей. Но о таких вещах лучше сообщать заранее, ты ведь знал, что мы планируем театр. На будущее — давай будем более откровенны друг с другом, ведь обо всем можно договориться». Иными словами, по возможности надо стараться придерживаться эффективной формулы «Да — Но — Давай», где «Да» означает «мы тебя поняли», «Но» — «и ты пойми нас», «Давай» — «на будущее будем стараться делать так».

Беседа с ребенком — это вариант «трудных переговоров». Нам надо всматриваться в каждую мелочь, слышать каждое слово, чтобы понять «партнера». Но важно не переусердствовать с техниками: когда нет реального сопереживания, реальных эмоций, техники не только не помогут, но, наоборот, навредят, вызовут раздражение и лишь увеличат дистанцию между нами и ребенком.

Главное в нашем общении — не преподать урок жизни, а быть готовым слушать детей. Только это дает нам право требовать, чтобы и они слушали нас.

Как сделать замечание и не поссориться

Девочке четырнадцать, и родителям все труднее с ней общаться. Они даже не могут сделать ей замечание, а тем более вызвать на разговор. Она не слушает, бросает: «Вечно вы со своими придирками», — и на этом общение заканчивается. А поговорить есть о чем: она стала плохо учиться, хамит учителям, поздно возвращается, берет деньги без спроса. После очередной стычки с родителями девочка пригрозила, что вообще уйдет из дома.

Родителей многое не устраивает в дочери: привычки, манера общаться, одежда, прическа, друзья. Им хочется, чтобы она их услышала, поняла, согласилась с ними и хоть немного изменилась в лучшую сторону. Попытки достучаться терпят фиаско. А брошенное в ответ: «Опять вы про эту ерунду» — ставит жирный крест на надежде достичь хоть какого-то компромисса. Родители откладывают давно назревший разговор, потому что не хотят в очередной раз нарваться на скандал и в глубине души уверены, что «ничем хорошим это не кончится, уже столько раз пробовали».

«По всем статьям»

Дети реагируют на замечания по-разному. Одни воспринимают их как руководство к действию и пересматривают свое поведение — это лучший вариант. Другие отвечают агрессией по принципу «лучшая защита — это нападение». Третьи «переводят стрелки» — в ответ на нашу претензию выдвигают свою. Кто-то уходит в глухую оборону и пропускает наши слова мимо ушей, а кто-то ловко уводит разговор в сторону.

Это возмущает родителей. Но ведь дети берут пример с нас. В нашей культуре претензии и критика воспринимаются как повод для обиды, «наезд», начало конфликта, поэтому, вместо того чтобы высказаться прямо и недвусмысленно, мы то надуваем щеки и общаемся подчеркнуто холодно, то демонстративно хлопаем дверью, а то и вовсе перестаем разговаривать с ребенком. Одним словом, на что-то намекаем, даем понять, что нам что-то не нравится, но что именно, — догадайся сам. Мы копим и копим недовольство, а когда уже нет сил терпеть, высказываем «провинившемуся» разом все, что накипело. Мы оцениваем ребенка комплексно, тотально, «по всем статьям», не разделяя личность и конкретный проступок. Привычка обобщать недостатки человека, вместо того чтобы сфокусироваться на его действиях, — очень типичная, от нее сложно избавиться. Вот несколько примеров того, что мы делаем.

Навешиваем ярлыки: «Ты всегда обманываешь. Ты не человек слова, а пустой, безответственный болтун».

По-своему интерпретируем действия ребенка: «Ты сказал, что плохо себя чувствуешь, и попросил сказать классному руководителю, что заболел. А потом выяснилось, что в этот день была контрольная по биологии. Все понятно! Ты просто решил прогулять контрольную, а нас подставил».

Обобщаем и усиливаем: «Вчера у нас были гости, мы просили тебя не включать громко музыку. Но ты всегда все делаешь нам назло».

Жалуемся на ребенка в его присутствии: «Наш сын не понимает, когда ему говорят, что нельзя так вести себя с бабушкой».

Говорим намеками: «Есть же девочки, которые и учатся хорошо, и выглядят прилично, а не уродуют себя татуировками и пирсингом».

Требуем невозможного: «Ты опять не решил задачи по физике. Что значит не смог? Почему все могут, а ты нет? Что значит не дается физика? Всем дается, а тебе не дается».

Если вместо конкретики и конструктива — только выброс негатива, который унижает ребенка, вызывает в нем чувства вины и обиды, мы ни на сантиметр не приближаемся к решению проблемы и только осложняем отношения.

Правила обратной связи

Работая с родителями, я рекомендую им следовать нескольким правилам эффективной обратной связи. Соблюдая их, можно высказать претензию, «оформить» свое замечание так, чтобы добиться нужного результата и при этом не испортить, а улучшить отношения с ребенком. Эти правила можно использовать не только в общении с детьми, но и со своими коллегами, друзьями, родственниками.

Справиться со своими эмоциями

Дети, особенно подростки, своим поведением зачастую выводят нас из себя — мы можем злиться, раздражаться, грустить. Нам надо не бояться своих эмоций, а выражать их. Но, разумеется, делать это нужно безопасным для ребенка способом. Если в гневе мы теряем контроль над собой, то лучше отложить разговор и сначала прийти в себя. Своим клиентам я советую, если накатывает ярость, выйти из контакта, сделать несколько физических упражнений, восстановить дыхание и проговорить свои эмоции вслух: «Я очень зол, меня бесит его поступок». Уровень агрессии в этом случае резко снижается. И только когда мы уверены, что можем контролировать свое поведение, можно приступать к разговору.

Сосредоточиться на важном

Нам хочется, чтобы ребенок был хорош во всем! Поэтому, когда мы высказываем недовольство, в один котел летят замечания, касающиеся оценок, цвета волос, рваных джинсов, друзей, музыкальных пристрастий. Всё становится в один ряд, и уже невозможно отделить зерна от плевел.

Надо постараться во время разговора сосредоточиться только на одной, самой важной сейчас теме. К примеру, ребенок взял деньги на репетитора по английскому, но на занятие не пошел, обманув родителей. Это серьезный проступок, и мы говорим именно об этом — таково правило эффективной коммуникации. Не надо подтягивать сюда другие претензии: устроил беспорядок в комнате, не выгулял собаку, получил двойку по алгебре. В данном случае это не главное. Возможно, в другой раз важным будет иной проступок, который станет темой разговора. Но правило неизменно: один серьезный разговор — одна тема.

Дети часто не соответствуют нашим ожиданиям, но, как правило, проблема не в детях, а в самих ожиданиях.

Указывать на конкретные поступки

Если ребенок сделал что-то, на наш взгляд, не так, не стоит говорить, что он ничего не соображает, не умеет, не приспособлен, неадекватен, что у него дурацкий характер. Наши слова должны давать оценку конкретному поступку, действию, а не личности. Всегда нужно отделять человека от проблемы. Важно говорить лаконично и по существу, ничего не преувеличивая, но и не преуменьшая: «Ты вчера обещал вернуться домой в десять вечера, а пришел уже за полночь».

У нашего недовольства есть конкретная причина, но, делая замечания, мы часто уже не можем остановиться. «Мы дали тебе денег и попросили после школы зайти в аптеку, чтобы купить бабушке лекарства. Но ты до аптеки так и не дошел. Небось болтался с приятелями. А на здоровье бабушки тебе наплевать!» Обобщая («А на здоровье бабушки тебе наплевать!») или домысливая («болтался с приятелями»), мы, по сути, пытаемся доказать, что наш ребенок плохой, и этим только подогреваем конфликт. Если бы мы сказали: «Несмотря на мою просьбу, ты не купил лекарства», — это была бы констатация факта, который нелепо оспаривать. А дальше стоит предложить решение: «Давай договоримся, что будем выполнять свои обещания, особенно когда дело касается здоровья близких людей».

Учитывать возможность изменений

Нас часто раздражает в ребенке то, что он в принципе не может изменить. Скажем, сын очень застенчив. Нам обидно, что он теряется на фоне более активных детей, и мы начинаем дергать его, «взбадривать» своими замечаниями в надежде, что это его «заведет». Требуем быть «впереди на лихом коне» в тех сферах, где он явно слаб, где явно не тянет. Зачем, например, отчитывать сына за то, что он участвует в школьном спектакле в массовке, а не в главной роли? Или упрекать явного гуманитария, что он написал контрольную по математике на тройку?

Дети часто не соответствуют нашим ожиданиям, но, как правило, проблема не в детях, а в самих ожиданиях. Мы должны трезво оценивать ситуацию, менять свое отношение и учиться видеть в ребенке его сильные стороны.

Говорить от себя

Многие родители, боясь испортить отношения с ребенком, пытаются высказать замечание «опосредованно»: «Учительница считает, что ты повел себя неправильно, когда уехал домой с экскурсии один, никого не предупредив». Говорить надо от себя, высказывать собственное мнение, используя местоимение «я» — так мы показываем, что это не кто-нибудь, а именно мы недовольны: «То, что ты никого не предупредил, меня просто взбесило».

Разговаривать наедине

Замечание лучше делать без свидетелей. Важно, чтобы разговор был личным — мы говорим то, что думаем и чувствуем, и именно ему, нашему ребенку: «Да, я злюсь, потому что беспокоилась за тебя».

Выбрать время для беседы

Не стоит тянуть время, надо реагировать на раздражающий фактор как можно быстрее. Когда мы говорим дочери-подростку: «Две недели назад ты взяла мою блузку, испачкала и бросила», мы выглядим злопамятными. Она уже не помнит об этом. Разговор должен состояться сразу или не состояться вовсе.

Замечания необходимы, ведь мы несем ответственность за воспитание ребенка. Они дают ему понять, что мы о нем думаем, что нам не все равно, мы заинтересованная сторона. Если мы сумеем правильно выстроить разговор, не будем нападать на ребенка, а выскажем претензию уважительно, наше замечание не перерастет в конфликт. Напротив, это будет продуктивное общение, цель которого — общими усилиями изменить ситуацию к лучшему и укрепить наши отношения.

Разрешать ли няне наказывать детей

В семье моих знакомых постоянно идут споры: может ли няня, которая присматривает за пятилетними мальчишками-двойняшками, наказывать их? Папа говорит, что «казнить и миловать» имеют право только родители. А мама считает, что няня достаточно опытная, чтобы самостоятельно решать, стоит ли наказывать детей в каждом конкретном случае. Пока побеждает папа. Он вручил няне блокнот, в который она записывает все «прегрешения» детей, а вечерами или в выходные обсуждает все это с сыновьями — «по списку». Вот только малыши зачастую не могут вспомнить, когда и в чем они провинились, и понять, за что папа собирается их наказать.

Монополия на строгость

Сегодня и в обеспеченных семьях, и в семьях со средним достатком принято нанимать няню. Родителям, конечно же, хочется, чтобы она была доброжелательной, мягкой, искренней: именно на эти качества мы обращаем внимание в первую очередь. Но если к ним не добавить требовательности, о воспитании можно забыть. В обязанности няни входит следить за тем, чтобы дети вели себя хорошо, пока нас нет дома, это очевидно. Тогда почему она не всегда это делает?

Во-первых, многие родители сразу предупреждают няню, что «монополия на строгость» — всегда за ними: пусть она расскажет, в чем провинился ребенок, а они сами его накажут. Но при этом нарушается главное требование к наказанию — своевременность. Отложенное наказание неэффективно.

Во-вторых, и самой няне не очень-то хочется наказывать детей. Зачем ей лишние хлопоты, слезы, разбирательства? В отличие от нас, родителей, ее вряд ли волнуют стратегические воспитательные цели. Для нее важнее сохранить свое рабочее место. Поэтому няне проще самой собрать разбросанные игрушки или вытереть разлитый чай, чем делать ребенку замечания и заставлять его убирать за собой. Более того, в своем «ангельском терпении», а на самом деле избегании конфликтов с ребенком, няня отнюдь не бескорыстна: пока ребенок остается неуправляемым и неумелым, родители будут нуждаться в ее услугах. В результате дети растут в атмосфере вседозволенности и безнаказанности, постепенно превращаясь в домашних тиранов.

А между тем наказание — обязательный метод воспитания, который помогает в решении очень важной задачи — выстраивании границ. Но каким должно быть наказание? Здесь надо быть очень осторожным: учитывать возраст ребенка, его темперамент, характер. То, что одному пойдет на пользу, другому может причинить вред.

Если мы возлагаем на няню ответственность за воспитание ребенка, то должны наделить ее и правами, в том числе правом наказывать. И уже на этапе собеседования с потенциальной няней важно обговорить многие вопросы, касающиеся наказания, выяснить ее взгляды и принципы. Нужно выработать единый подход, создать «единую систему наказаний», как бы жестко это ни звучало. Этой системы должны придерживаться и няня, и родите-

Для ребенка, растущего в любящей семье, недовольство взрослых, подкрепленное реальной эмоцией, — серьезное моральное наказание, вызывающее чувство вины и сожаление о содеянном.

ли, и другие члены семьи. Предъявляя требования к кому-то другому, мы и сами их принимаем и стараемся выполнять, понимая их значимость.

Чтобы наша система была эффективной, надо провести небольшую подготовительную работу: в течение недели-двух порасспрашивать няню о том, как вел себя ребенок, как она реагировала на его «плохие поступки» и к чему это приводило. Проанализировав эту информацию, мы поймем, что́ на ребенка действует, а что́ — нет, какие механизмы наказания работают, а какие — пробуксовывают.

Вот такую памятку для няни, а заодно для всех членов семьи, мы составили с мамой двойняшек. Я привожу ее как пример и комментирую каждый пункт.

Нельзя

Применять физическое наказание

Это самый спорный метод в воспитании. Даже такие светила педагогики, как Антон Макаренко, считали, что в исключительных случаях можно наказывать детей физически. Одна мама в разговоре со мной ссылалась на доктора Комаровского, автора популярных книг и телеведущего, который говорит, что бывают дети, которые не понимают слов. Конечно, в сердцах, под горячую руку мы можем шлепнуть ребенка и, взяв за плечи, тряхнуть, чтобы привести в чувство. Но это максимум, что можно себе позволить.

Некоторые взрослые в качестве наказания заставляют ребенка приседать или отжиматься по многу раз, обливаться холодной водой, ставят его на колени в угол, запирают в темной комнате, лишают ужина, сна. Это не только открытое унижение, это может стать причиной травм и заболеваний. Подобные действия вызывают у ребенка только одно желание — избежать экзекуции любой ценой.

Я абсолютно уверена, что хладнокровное применение силы не дает положительных результатов. Жестокость по отношению к детям не имеет ничего общего с воспитанием: это способ подчинить их своей воле, способный вызвать только страх, ненависть, злость и недоверие к миру.

Обзывать

Вместо того чтобы оценить поступок ребенка, мы начинаем оценивать его самого, бросаем ему «идиот», «придурок», «кривляешься как обезьяна». Даже любящие взрослые часто наклеивают на детей ярлыки, которые создают негативную установку.

Все это приводит к громадным потерям в отношениях между взрослыми и детьми, провоцирует обиды и неуверенность в себе, снижает самооценку, но никак не помогает сформировать у детей глубинное понимание, почему что-то можно делать, а чего-то нельзя.

Пугать

Взрослые часто срываются и кричат на детей, выплескивая свои негативные эмоции, а потом говорят: «Иначе до него не достучишься, он просто не слышит». Крик всегда вызывает у ребенка испуг, пусть и кратковременный. А испуг — это ступор, замирание, снижение интеллектуальной активности. Если мы хотим, чтобы ребенок сделал уроки, крик точно не поможет. Иногда провинившемуся ребенку говорят: «Будешь плохо себя вести — отдам злому дяде» или «Отправлю в детский дом». Эффект примерно такой же, как и от крика. Дети, особенно маленькие, воспринимают слова родителей серьезно, и все эти угрозы и запугивания вызывают у ребенка ощущение, что он не нужен своим близким.

Лет 30 назад в Америке я наблюдала за тренингом для родителей. Психолог просил одного из супругов встать на стул, а другого — сесть на корточки и смотреть на стоящего снизу вверх. Так была смоделирована разница в росте между малышом и взрослым. Стоящий на стуле должен был замахнуться и прикрикнуть на того, кто оказался внизу. На тех, кто сидел на корточках, это производило очень сильное впечатление, особенно на мужчин. Они говорили, что почувствовали жуткий страх. Что же испытывает ребенок, когда на него замахиваются и кричат взрослые?

Наказывать публично

Подчас, чувствуя свое бессилие, мы устраиваем «публичные разборки» с детьми, «привлекаем общественность», чтобы еще больше устыдить свое неразумное дитя. Но такие прилюдные выволочки не просто обижают детей, а больно бьют по самолюбию, особенно когда речь идет о подростках, подрывают их авторитет в глазах сверстников. У ребенка возникает ощущение, что весь мир против него, — это может вызвать в нем агрессию или, наоборот, привести к депрессии.

Мстить

Иногда можно услышать совет: ответьте ребенку тем же. Он вас укусил — укусите его в ответ, пусть почувствует, что это больно. Он вас обозвал — обзовите его тоже. Тогда ребенок якобы поймет, что так вести себя нельзя. Но такое «мстительное поведение» только провоцирует его «продолжать в том же духе».

Можно

Демонстрировать недовольство

Взрослые не обязаны скрывать свои негативные чувства, которые неизбежно возникают, когда ребенок делает что-то не то или не так. Все наши эмоции — сожаление, разочарование, досада, возмущение — вполне допустимы и даже желательны. Это некая обратная связь, которая показывает ребенку, что он поступает неверно. Существует много способов демонстрации своего отрицательного отношения к поступкам детей: это и холодный взгляд, и нахмуренные брови, и характерные жесты.

Для ребенка, растущего в любящей семье, недовольство взрослых, подкрепленное реальной эмоцией, — серьезное моральное наказание, вызывающее чувство вины и сожаление о содеянном.

Попросить извиниться

Извиняться всегда трудно — это тоже своего рода наказание, но одновременно и важный социальный навык. Надо научить ребенка просить прощения у тех, перед кем он провинился, и не важно, взрослые это или сверстники. Но делать это надо не унижаясь, а искренне выражая сожаление и раскаяние. Хорошим уроком станет пример родителей: мы сорвались, накричали на ребенка и приносим свои извинения.

Потребовать исправить

Если ребенок разрисовал фломастерами холодильник — пусть отмывает, разбросал мусор — пусть уберет. Подобные наказания естественным образом вытекают из проступков и логически с ними связаны.

Отправить «под арест»

Я не поддерживаю традицию ставить ребенка в угол — долго находиться в таком статичном положении не очень хорошо для здоровья. Вместо этого я предлагаю посадить его на «табуретку для наказания», отправить в комнату, где нет игрушек (но не в темную), то есть временно изолировать от любых развлечений. Смысл такой изоляции в том, чтобы ребенок мог успокоиться и понять, что провинился. Время «ареста» зависит от серьезности проступка и возраста провинившегося. Для маленьких детей рекомендуют тайм-аут всего на несколько минут (по принципу «год — минута», то есть для двухлетнего малыша хватит и двух минут).

Лишить удовольствий

В ответ на плохое поведение можно оставить ребенка без чего-то приятного: похода в гости, в кино, в парк аттракционов. Или ограничить доступ к телефону и айпаду, встречи с друзьями. Но ни в коем случае, повторюсь, нельзя лишать его сна, еды, общения с родителями, братьями и сестрами.

Наказания надо применять только в том случае, если нет другого выхода. Любой метод воздействия работает тем лучше, чем реже его используют.

Важные принципы

Мы наказываем детей не потому, что стремимся отыграться на них или выпустить пар, а потому что хотим пресечь нежелательное поведение и предотвратить его в дальнейшем. Чтобы наказание возымело эффект, надо продумать не только то, что мы делаем, но и как. Есть несколько принципов, которые следует соблюдать.

Минимум запретов

Надо решить, за что мы наказываем ребенка. Этих «за что» не может быть много: они должны быть понятными и касаться только важных моментов, иначе запомнить и выполнить правила будет просто невозможно. Надо заранее объяснить эти правила ребенку. Если он их не знает, тогда и наказывать не за что. Время от времени правила надо пересматривать: ребенок растет, и то, что раньше было нельзя, становится можно, и наоборот, появляются новые правила, которые были не актуальны для малышей.

Наказания надо применять только в том случае, если нет другого выхода. Любой метод воздействия работает тем лучше, чем реже его используют. А пока ребенок маленький, вместо того чтобы наказывать, имеет смысл просто перенаправить его энергию в нужное русло.

Однозначно и соразмерно

За одно и то же нарушение должна быть одна и та же санкция. Нельзя сегодня за проступок наказать, а завтра такой же не заметить — так мы обесцениваем нами же установленные правила. Нельзя и ужесточать наказание без веских на то оснований — просто потому, что у нас плохое настроение или самочувствие и поведение ребенка вывело нас из себя. Нарушая границы дозволенного, ребенок должен четко понимать, какое наказание его ждет.

Наказание должно быть соразмерно проступку: нельзя наказывать за то, что сделано случайно, — об этом можно только сожалеть. Например, если ребенок упал и порвал рубашку, не стоит на него кричать и наказывать за это.

Своевременно и четко

Наказание либо следует непосредственно за проступком, либо его не должно быть вообще. А если прошло уже много времени, наказание бессмысленно, особенно для маленьких детей. Отсроченное наказание, безусловно, менее эффективно, как любая отложенная на время обратная связь: когда «пик» прошел и страсти улеглись, вроде бы и говорить уже не о чем.

К тому же наказание не может быть «бесконечным», «безвременным»: «Я больше не пущу тебя к компьютеру», «Ты больше не будешь смотреть мультики». Подобные формулировки порождают в голове ребенка хаос: получается, эта «казнь» — навсегда. Лучше четко обозначить время: три дня без компьютера, два дня без улицы, две субботы без гостей.

Наказание любви не помеха

Хорошо, когда существует некий ритуал «выхода из наказания». Дети во многом мудрее нас, недаром они придумали для себя «мирись, мирись и больше не дерись». Такие символические действия (в каждой семье свои) показывают, что мы сохраняем добрые отношения, что бы ни происходило.

Важно не просто разработать «красивую» систему санкций, но и добиться, чтобы ребенок ее принял. Даже у родителей возникают с этим сложности, а что уж говорить про няню. Часто дети воспринимают строгость няни в штыки: не слушаются, огрызаются, капризничают. Рецепт один: нужно помочь няне укрепить свой авторитет, всячески демонстрируя наше уважительное к ней отношение.

Вместе с няней и нашими домочадцами нам надо все хорошенько продумать, обсудить, принять единые правила и выполнять их, основываясь на общем принципе — любви к ребенку. Он всегда должен быть уверен, что с ним поступают справедливо, что его по-прежнему любят и, даже будучи наказанным, он не останется без нашей поддержки.

Какую няню нельзя подпускать к ребенку

Молодая мама была уверена, что у ее маленького сына прекрасная няня — добрая, милая, ласковая. В присутствии родителей няня вела себя безупречно. Но однажды мама вернулась домой в неурочное время. То, что она увидела и услышала, стало для нее настоящим шоком. Няня смотрела на мальчика злобно, ледяным взглядом, и жестко, с металлом в голосе его отчитывала. Малыш превратился в жалкий, испуганный комочек. «Теперь я понимаю, почему сын плачет, когда я ухожу и оставляю его с няней. Я-то думала, он просто капризничает, — с горечью сказала мама. — А ведь я с таким трудом ее нашла».

Вредоносные качества

Мама правильно забила тревогу, услышав в голосе няни металлические нотки. На ребенка очень влияет атмосфера, в которой он находится. А создают ее окружающие его взрослые, в том числе няня, ведь она проводит с малышом много времени. Поэтому помимо тех качеств, которыми обязательно должна обладать няня: профессионализм, опыт, ответственность, — важно выявить и те, что делают ее профнепригодной. Позаботиться об этом нужно вовремя, чтобы не пустить в дом человека, способного нанести такой ущерб развитию ребенка, который потом будет очень трудно или даже невозможно возместить.

Я бы выделила пять вредоносных качеств няни, на которые надо обратить внимание во время собеседования.

Завистливость

Каждый из нас когда-нибудь кому-нибудь завидовал. Но завистливость как черта характера — это совсем другое. Человек, завистливый по своей природе, постоянно сравнивает: «У них лучше, у меня хуже, у них это есть, у меня нет». Я не имею в виду так называемую белую зависть, которая дает импульс к развитию. Я говорю о стойком чувстве неприятия чужих достижений, богатства, достатка, об остром желании обладать тем, чем обладают другие. Завистнику невмоготу видеть успехи ближних. Не случайно в христианстве зависть относят к семи смертным грехам. Британский психоаналитик Мелани Кляйн говорила, что зависть противоположна любви.

Как правило, няня и по социальному статусу, и по материальному положению стоит ниже своих работодателей. Но завистливая няня уверена, что они не достойны того, что имеют, им просто повезло. А ребенок и подавно пользуется плодами родительского везения просто так, по праву рождения, тогда как у детей няни всех этих благ нет и никогда не будет. Эта мысль причиняет ей страдания, обостряет чувство собственной неполноценности. Какую атмосферу создает вокруг себя такая няня? Атмосферу злости, досады, ненависти.

Агрессивность

Иногда агрессия необходима — например, чтобы защитить себя или кого-то, кто не способен защитить себя сам. К тому же без «доброкачественной» агрессии, «пробивной силы», не добиться успеха в жизни. Но есть и «злокачественная», деструктивная агрессия, которая делает человека неоправданно жестким или даже жестоким. Агрессивный человек всегда готов обидеть, оскорбить, нанести вред другому.

Обычно под агрессивностью понимают агрессивные действия, но существует еще и скрытая агрессия. Психолог Сэм Вакнин назвал такой вид агрессии «обволакивающим». Она строится на создании неуверенности, беспомощности жертвы за счет бойкота, жестоких шуток, критики, навешивания ярлыков, обесценивания эмоций.

Агрессивность няни может усиливаться в ответ на какое-то наше слово или действие. Нам, родителям, няня не станет ее демонстрировать, но выместит на ребенке — отсюда и раздражение, и менторский тон, и резкие движения, и холодный взгляд. А значит — опасность налицо.

Обидчивость

Здесь тоже надо различать чувство обиды и черту характера. Как правило, обида — естественная реакция на несправедливость, которая может возникнуть у любого из нас. Но есть люди, что называется, по жизни обиженные на всех и вся.

Если няня обижена на хозяев, на детей, с которыми работает, на весь белый свет, это очень серьезный повод не брать ее в семью. «Косой», как ей показалось, взгляд, любое незначительное, но неприятное ей событие вызывают недовольство, задевают и погружают ее в уныние. Это свойственно людям с заниженной самооценкой.

Обидчивая няня не способна позитивно мыслить, излучать положительные эмоции, которые необходимы маленькому ребенку, потому что на все смотрит сквозь призму собственных обид. Она может даже всерьез обижаться на непослушание ребенка, провоцируя в нем чувство вины.

Эмоциональная неразвитость

Многие мамы боятся, что ребенок полюбит няню и привяжется к ней, поэтому намеренно выбирают «примороженных» женщин, избегающих эмоционального контакта с ребенком, зато четко выполняющих свои обязанности. Родители совсем маленьких детей зачастую заставляют нянь носить медицинские маски, чтобы не занести инфекцию, — ребенок даже не видит их лиц. Мне регулярно приходится объяснять, что это абсолютно недопустимо. Холодность, бессердечность, отсутствие живой реакции — очень опасная вещь.

Рядом с ребенком должен быть не «робот», не «функция», не «маска», а теплый, сердечный, душевный человек, способный на искренние чувства, — то есть эмоционально развитый, зрелый. Это ценнейшее качество просто необходимо няне. И тогда атмосфера, которую она вокруг себя сформирует, с лихвой компенсирует все ее ошибки и промахи, а они всегда найдутся: то подняла соску с пола и не помыла, то не ту шапочку надела на прогулку, не прогладила одежду. Всё это мелочи по сравнению с тем, какой обмен эмоциями происходит между ребенком и такой няней.

Рядом с ребенком должен быть не «робот», не «функция», не «маска», а теплый, сердечный, душевный человек, способный на искренние чувства, — то есть эмоционально развитый, зрелый.

Скрытность

Во время собеседования все кандидаты, конечно же, хотят быть «на уровне», показать себя с лучшей стороны, продемонстрировать именно то, чего ждут от них потенциальные работодатели. Поэтому нам нужно быть очень сосредоточенными и попытаться понять, действительно ли перед нами добрый, отзывчивый, спокойный, любящий детей, уважающий нас человек или лицемер, привыкший скрывать свои истинные чувства, мысли, свое внутреннее состояние и умело прячущий свою агрессивность, обидчивость, завистливость, холодность.

Быть открытым и честным не значит выворачивать душу наизнанку и посвящать всех, например, в детали своей личной жизни. Но няня обязана рассказывать о том, что происходит с ребенком в отсутствие родителей, особенно если это касается его здоровья и безопасности. Пусть лучше няня скажет, что ребенок упал на прогулке или отказался есть за ужином, чем утаит это, а мы будем расхлебывать последствия этой «тайны».

Максимум внимания

Как за время собеседования заметить, уловить вредные, деструктивные качества, несовместимые с работой няни? Прежде всего, надо отнестись к интервью с кандидатами предельно ответственно — выделить для него специальное время, а не проводить впопыхах, «между делом». Внимательно слушать не только что, но и как говорит няня, обращать внимание на ее движения, реакции, улыбку — естественная она или «как приклеенная». Попробовать оценить, насколько няня открыта: сдерживает свои эмоции или свободно делится ими.

Стоит поговорить и о прежних работодателях — если няня отзывается о них плохо: «скверные люди, ужасный ребенок», то, скорее всего, и нас она будет оценивать подобным образом и соответственно к нам относиться.

Важно спросить няню о ее детях и о том, как она их воспитывает. Конечно, это не значит, что с чужими детьми она будет обращаться так же, но мы больше узнаем о ее взглядах и методах. Нужно спросить и о том, с какими детьми она предпочитает работать и почему. Скажем, одной няне просто больше нравится ухаживать за малышами, а другую устраивает, что ребенок, который еще не говорит, не станет жаловаться родителям.

Опытный человек может многое увидеть во время разговора, особенно если четко знает, на чем необходимо сосредоточиться. А мы все опытные люди уже потому, что каждому из нас знакомы перечисленные чувства и качества в том или ином проявлении — нам легко их распознать. К сожалению, родителей зачастую больше волнует, будет ли няня воровать и «выносить сор из избы». Это, безусловно, тоже важно: вороватые и чересчур болтливые, привыкшие «перемывать кости хозяевам» няни никому не нужны. Но если у няни отсутствуют «пять вредоносных качеств», есть надежда, что она окажется разумной и порядочной женщиной, которая обеспечит нашему ребенку возможность спокойно расти и развиваться.

Почему наши дети не в ладу с деньгами?

Мама жалуется на четырнадцатилетнюю дочь: «Она общается со мной, только когда ей что-то от меня нужно — деньги или какая-то вещь. А как только получит нужную сумму, тут же теряет ко мне интерес, может оборвать разговор на полуслове, повернуться и уйти...» Чтобы хоть как-то продлить общение с дочерью, маме приходится выдавать ей деньги частями. Мама в растерянности: ей кажется, что она для дочери — просто «кошелек» и не более того. «Сколько ни давай, что ни делай, всегда мало — как в топку бросаешь... К тому же ее совершенно не интересует, есть ли в семье деньги и как они нам достаются...»

Дурной пример

Прежде чем предъявлять претензии детям, стоит посмотреть, а что мы говорим им о деньгах и о чем молчим, какие установки даем, какой пример показываем, чему учим? И тогда можно увидеть наиболее типичные ошибки, которые мы совершаем.

Молчим и заставляем молчать ребенка

Когда-то самым неудобным для родителей считался вопрос «Откуда берутся дети?». Сегодня ответить на него уже несложно. А вот вопросы, касающиеся денег, во многих семьях и по сей день остаются табуированными. Почему?

Зачастую взрослые не обсуждают с детьми тему денег просто потому, что не видят повода для разговора. Когда они были детьми, о деньгах в семье говорили вынужденно, поскольку их всегда не хватало и дети должны были понимать, что и когда можно просить, чтобы семья дотянула до конца месяца, сколько можно тратить на завтраки, на кино, когда надо начинать работать или подрабатывать, чтобы приносить в дом деньги.

Мы живем уже в другом обществе, где царят иные законы. И современные родители зачастую рассуждают так: «Деньги есть, проблем нет, так о чем говорить?» Одни не затрагивают эту тему, потому что стесняются — «А вдруг нас не так поймут или кто-то, не дай бог, обидится…», другие не хотят нагружать ребенка чем-то «взрослым» — «оставим детям детское», а третьи молчат, чтобы информация, касающаяся доходов семьи (сколько и как зарабатывают родители, сколько стоит автомобиль, квартира или коттедж), не просочилась за стены дома. Конечно, конфиденциальность — это важно, и надо учить детей не выносить сор из избы. Но ореол таинственности, который окружает финансовые вопросы, провоцирует нездоровый интерес к деньгам и одновременно недоверие к окружающим.

Когда ребенок пытается спросить нас о чем-то, связанном с деньгами, а мы постоянно отмахиваемся, считая такие вопросы неуместными или несвоевременными, он делает вывод, что деньги — это тема, которую лучше не трогать, что она то ли слишком «грязная», то ли, наоборот, слишком сакральная, чтобы говорить о ней вот так, запросто. Получается, мы сами создаем для детей некую «па-

Ореол таинственности, который окружает финансовые вопросы, провоцирует нездоровый интерес к деньгам и одновременно недоверие к окружающим.

раллельную реальность», выхолощенную, стерильную среду, где булки растут на деревьях и неизвестно откуда по первому требованию появляются игрушки, книги, гаджеты, одежда… А потом обижаемся, что дети ведут себя как эгоисты, которым нет дела до наших проблем и забот.

Мотивируем деньгами

Все знают, что деньги — мощнейший мотиватор. И родители зачастую этим пользуются, не задумываясь о последствиях. Интересный случай описан в одной американской книге для родителей. Фермер решил, что его 10-летнему сыну пора подключаться к семейному бизнесу — помогать отцу по хозяйству. Но мальчик все время пытался «откосить» — кому понравится изо дня в день собирать с грядок колорадских жуков? И тогда отец задумал простимулировать его деньгами: за каждый спичечный коробок с жуками он пообещал платить по 10 долларов. Предложение мальчика заинтересовало. Первые дни он с трудом собирал по одному коробку в день, но уже через неделю стал ежедневно сдавать отцу по 10–15 коробков. Фермер был в шоке: он не предполагал, что на его грядках столько вредителей! Зато сын, кажется, начал получать удовольствие от работы. Это продолжалось до тех пор, пока отец случайно не обнаружил за сараем целый питомник колорадских жуков, устроенный предприимчивым сынишкой.

Отец пошел по самому легкому пути — мотивировать деньгами. Конечно, это проще, чем по-настоящему увлечь сына своим делом — рассказывать, показывать, что-то делать вместе, стараться, чтобы мальчика заинтересовал сам процесс. Примитивная мотивация сработала, но привела к подмене ценностей: получается, родительский авторитет уже ничего не стоит — когда ты мне платишь, я тебя слушаюсь, когда не платишь — извини… В итоге дети уже не хотят вообще ничего делать, если это не оплачивается. Они уверены, что любое их действие, даже малейшее напряжение, должно «приносить доход».

Лицемерим

Лев Толстой писал: «Дети нравственно гораздо проницательнее взрослых, и они, часто не выказывая и даже не осознавая этого, видят не только недостатки родителей, но и худший из всех недостатков — лицемерие родителей, и теряют к ним уважение и интерес ко всем их поучениям».

Часто наши слова — правильные и убедительные — не стыкуются с тем, что мы делаем. Мы твердим изо дня в день: «У нас нет денег, не трать на пустяки, с наушниками подождешь — подарим их тебе к Новому году», но при этом покупаем тур на дорогой курорт. Мы вслух осуждаем наших знакомы: «Покупать такую дорогую машину сегодня просто неприлично…», хотя всего месяц назад с упоением обсуждали такой автомобиль, и ребенок знает, что мы планируем его приобрести.

Мы часто повторяем: «Не надо считать чужие деньги», а потом возмущаемся поведением знакомых: «Они с ума сошли — столько угрохать на банкет! Откуда только деньги берут…» Скорее всего, нас огорчает сам факт, что кто-то может себе позволить то, что нам не по карману, и мы откровенно завидуем. Или нам просто не нравятся люди, о которых идет речь. Ребенок не способен уловить все эти скрытые смыслы, зато легко почувствует какое-то несоответствие, нашу двойственность, противоречивость, неискренность. Своими «посланиями с двойным дном» мы «сбиваем мушку» — и ценностные ориентиры ребенка смещаются, деформируются. Особенно это касается фразы «мы не можем себе этого позволить», когда совершенно очевидно, что на самом деле очень даже можем. Если мы не считаем нужным что-то покупать, это еще не повод лицемерить.

Смещаем акценты

Расхожая фраза «время — деньги» обладает определенным смыслом, когда речь идет о бизнесе, о зарплате, об организации труда. А вот в отношениях с близкими она совершенно неуместна.

Постоянно повторяя «время — деньги», акцентируя внимание на своем стремлении заработать, мы внушаем ребенку, что время стоит тратить «только на дело», учим его ставить материальные ценности выше всех остальных. А как же человеческие отношения — любовь, внимание, забота? Их тоже надо измерять деньгами?

К примеру, сын участвует в концерте, а отец не смог прийти. Самое неудачное объяснение выглядит так: «Я не был на твоем выступлении, потому что должен зарабатывать деньги. Знаешь, во что мне обходятся твои занятия? А репетиторы, а мастер-классы?» Лучше было бы предупредить сына заранее и аргументировать по-другому: «Мне очень хочется прийти, но у меня важное дело. Я не могу отменить встречу, не могу подвести людей…»

Многим нравится ссылаться на свою занятость и изображать из себя страдальца — мол, они зарабатывают на семью, жертвуют собой ради детей. Ре-

Не отвечать на детские вопросы как минимум недальновидно — если ребенок не получит ответа от нас, он придумает его сам.

альный мотив такого поведения родителей ребенок, скорее всего, так и не узнает, зато у него в памяти отложится, что папа — труженик, мученик — тянул этот воз ради него и ради мамы. Он будет чувствовать себя виноватым и либо возненавидит деньги, которые отнимают у него отца, либо начнет считать их сверхзначимыми, раз отец готов тратить на них жизнь и здоровье.

Повторяем родительские установки

Вспоминая свое детство, многие успешные люди в интервью и мемуарах живо и эмоционально описывают финансовые трудности и ограничения, с которыми пришлось столкнуться их семьям. От родителей они получили четкую систему обращения с деньгами: тратить продуманно, не на баловство, а на важные вещи, всегда иметь заначку, откладывать «на черный день», в долг не давать, самим не брать. Эти, на первый взгляд, нехитрые правила во многом предопределили их будущие достижения.

Есть такая интересная психологическая закономерность: став родителями, мы начинаем транслировать своим детям установки, полученные нами в детстве, не переосмысливая их, практически «слово в слово». Более того — мы, как правило, выдаем их с интонациями собственных родителей и уже в виде аксиом, не требующих доказательств.

Когда у нас нет сил и времени разбираться в ситуации, а надо как-то отреагировать, то первое, что из нас вылетает «на автомате», это фразы типа «копейка рубль бережет», «деньги не растут на деревьях», «ты что думаешь, я сделан из денег?», «когда я был в твоем возрасте, я уже...» и т. д. И чем неприятней нам было слышать эти слова в детстве, тем чаще мы вываливаем на головы наших детей поток этих «сермяжных мудростей», отбивая у них всякое желание вообще разговаривать с нами на эту тему.

Не объясняя ребенку свои решения и свой выбор, а выдавая не имеющие никакого отношения к реальной ситуации нравоучения, мы лишаем его возможности научиться разумному обращению с деньгами.

Конфликтуем из-за денег

Когда у старших членов семьи не выработано единое отношение к деньгам, когда они не могут договориться о том, на что и сколько тратить, это становится причиной постоянных конфликтов. Ссоры из-за денег могут быть явными и тайными — чем-то вроде партизанской войны: когда родители рядом, между ними полное согласие, но когда одного из супругов рядом нет, второй демонстрирует уже совсем другую систему ценностей — и это вносит сумятицу в детское сознание.

Моя знакомая переживает за своего шестилетнего сына: он постоянно требует от отца подарков, а если не получает желаемого, страшно обижается и устраивает показательные истерики. Мама недоумевает: «Где он мог этого понабраться?» Но единственное место, где дети могут «понабраться» такого отношения и таких претензий — это дом, семья. Когда ребенок эмоционально больше привязан к одному из родителей, он интуитивно перенимает и его видение происходящего. В нашем случае мальчик очень привязан к матери, она постоянно рядом, они всегда «на одной волне». Мама полностью материально зависит от папы и, когда он дома, не высказывает вслух недовольства, претензий или обид, а когда его дома нет, дает себе волю. Например, соглашается с ним, что правильнее всего сейчас отложить деньги на отпуск, а потом плачется подругам по телефону: «Да он просто скупердяй! Ну почему я не могу купить себе новую дубленку?»

Просто и честно

Что говорить детям о деньгах? Как говорить? И говорить ли вообще? Если свою задачу мы видим в том, чтобы вырастить человека, способного быть в ладу с деньгами, то говорить необходимо. Не отвечать на детские вопросы или уходить от ответа как минимум недальновидно — если ребенок не получит ответа от нас, он придумает его сам.

Деньги ни в коем случае нельзя мистифицировать. Дети должны воспринимать деньги не как волшебную палочку, исполняющую любые желания, а как инструмент, средство для удовлетворения прежде всего важных жизненных потребностей — а потом уже «хотелок», «мечталок» и прочего. Очень полезно ходить вместе с ребенком в магазин — пусть он рассматривает товары, изучает ценники. Надо дать ему возможность выбирать, совершать покупки в пределах определенной суммы, получать сдачу на кассе. А дальше естественно возникнет вопрос: как деньги попадают в мамин кошелек или на папину карту? Появится повод рассказать, что такое зарплата, семейный бюджет, зачем взрослые ходят на работу. Такой разговор станет своего рода отправной точкой путешествия во взрослую жизнь, поводом показать ребенку правильную модель обращения с деньгами, передать ему свой опыт.

Но прежде чем начинать «финансовое воспитание», нам надо навести порядок в собственной го-

Став родителями, мы начинаем транслировать своим детям установки, полученные нами в детстве, не переосмысливая их, практически «слово в слово».

лове. Увы, зачастую мы сами еще не разобрались со своим отношением к деньгам, и все, что мы говорим об этом ребенку, полно противоречий. Что для нас деньги? Для одних это власть, для других — свобода выбора, для третьих — комфорт, возможность получать всевозможные материальные блага, для четвертых — «подушка безопасности», они чувствуют себя спокойнее, когда у них «все есть». Одни уверены, что «не в деньгах счастье», а другие — что «счастье не в деньгах, а в их количестве». А для кого-то деньги — ценность сама по себе. Поэтому сначала стоит выработать собственное отношение к деньгам, выстроить внятную «систему координат» и только после этого говорить с детьми — максимально просто, открыто, честно, без раздражения и стеснения.

Как давать карманные деньги

Отец старшеклассника как-то пожаловался, что сын требует все больше денег на карманные расходы. Они с женой всячески стараются его ограничивать. Когда сын, вместо того чтобы готовиться к экзаменам, поехал на вечеринку, его на две недели лишили карманных денег. Он обиделся, объявил родителям бойкот, стал мало бывать дома, где-то пропадал. Знакомые сказали, что видели его в ночном клубе с подозрительной компанией. Теперь родители не знают, что лучше: все-таки дать ему денег, чтобы вернулся к учебе, или проявить принципиальность — выдержать две недели, раз он наказан.

Принципы «монетарной политики»

Сегодня все родители дают детям карманные деньги. Вопрос «давать или не давать» не стоит, вопрос в том, как делать это грамотно и с пользой. Помогут пять важных правил.

Не связывать деньги с поведением

Карманные деньги — это прежде всего символ принадлежности ребенка к семье. Лишая денег, мы лишаем его этой символической связи. Ребенок должен получать карманные деньги не за отличные оценки и хорошее поведение, не за победы в олимпиадах и спортивных соревнованиях, не за любовь и уважение к нам, родителям, а просто потому, что он член семьи.

Многие напрямую связывают получение карманных денег с успехами ребенка, надеясь мотивировать его деньгами. Да, это самый легкий, но и самый непродуктивный путь, более того — это огромная ошибка. Так мы гасим главную мотивацию — к достижению — и одновременно развиваем наиболее примитивную — к получению денег. Дети перестают радоваться реальным успехам и привыкают ценить только их денежный эквивалент.

Я категорически против того, чтобы увязывать карманные деньги и домашние обязанности: убраться в комнате, купить продукты, помыть машину. Семья — это не рыночные отношения, где платят за оказанные услуги. Это ВЗАИМОотношения, основанные на заботе, любви, доброте. Дети — часть команды, в которой все помогают друг другу. А задача родителей — выражать свое одобрение, поддерживая вклад детей в общее дело.

Не попрекать

Мы ни в коем случае не должны попрекать ребенка деньгами или, как говорили в старину, «куском хлеба». И не важно, что этот хлеб с маслом и икрой. Не надо все время повторять: «Мы-то стараемся, работаем, а ты...» Особенно анекдотично выглядят попытки некоторых родителей подсчитать сумму, выданную ребенку, а потом предъявить ему счет. В подобных ситуациях я задаю родителям вопрос: «А вы давали ребенку эти деньги взаймы?» И они удивляются нелепости своих претензий.

С одной стороны, ребенок не должен чувствовать себя обделенным, с другой — денег должно быть всегда чуть меньше, чем хочется, чтобы он учился рассчитывать свои траты.

Выработать систему

Нужно четко продумать, сколько мы готовы давать детям на карманные расходы, и уже не метаться из стороны в сторону: «Ой, мы даем мало, в следующий раз добавим» или «Ой, мы даем слишком много, надо урезать». Ребенок должен заранее знать, какую сумму он получит, когда и на какой срок. Если она меняется, надо объяснить почему.

Первокласснику или второкласснику лучше давать деньги на неделю. Станет постарше — можно перейти на раз в две недели, потом на раз в месяц. Периодичность тоже можно обсудить с ребенком. Главное, четко договориться и сообщить об этом своим домашним, чтобы в семье все действовали согласованно.

Как определить, сколько давать? С одной стороны, ребенок не должен чувствовать себя обделенным, с другой — денег должно быть всегда чуть меньше, чем хочется, чтобы он учился рассчитывать свои траты. Когда ребенок взрослеет, у него появляются новые увлечения, меняются запросы, сумма должна быть увеличена.

Дети часто пытаются нас шантажировать: «Всем дают вон сколько, а вы мне всего...» И мы, движимые чувством вины, тут же начинаем увеличивать «выплаты». Так важно ли, сколько дают другим? Конечно, важно, мы должны это знать и учитывать, формируя «детский бюджет». Если речь идет о школьнике, самое разумное — поговорить с родителями его близких друзей и договориться, чтобы сумма у всех была примерно одинаковой, чтобы никто не чувствовал себя ущемленным и никто резко не выделялся. У одного моего клиента сын уехал учиться в престижный американский университет.

Семья — это не рыночные отношения, где платят за оказанные услуги. Это ВЗАИМОотношения, основанные на заботе, любви, доброте. Дети — часть команды, в которой все помогают друг другу.

Мы обсуждали, сколько давать молодому человеку на карманные расходы. Я посоветовала: «Выясните, сколько получают от родителей американские первокурсники из обеспеченных семей». Они тоже уехали из дома, тоже живут в общежитии, им полностью оплачивается обучение, питание, учебники и медицинская страховка. Оказалось, что оптимальная сумма — примерно $700. Мой клиент был страшно удивлен: «Так мало?» Он предполагал, что получится не менее $2000. На что я сказала: «Выплачивайте ему $800, на $100 больше, но не стоит давать слишком много. Ваш сын не должен выглядеть белой вороной на фоне остальных». Мальчик первое время «подулся» на скупого папу, а потом оценил его поступок. Он живет так же, как и сокурсники, это позволило ему быстрее найти с ними общий язык.

Но если сумма, которую готовы давать другие родители, для нас по каким-то соображениям неприемлема, это отличный повод сказать: «Все семьи разные, наше решение такое, поэтому ты будешь получать столько-то».

Учить распоряжаться деньгами

Нам кажется, что зрелое отношение к деньгам придет к детям само собой, по мере взросления — как умение говорить. Но это не так. Поэтому, прежде чем выдавать им ощутимые суммы на карманные расходы, мы должны научить их грамотно распоряжаться небольшими деньгами.

Начинать «финансовый ликбез» надо как можно раньше. Пока дети маленькие, они с удовольствием слушают наши советы — как и на что лучше потратить. Можно попросить их расписывать свои

Если родителям не нравится, как ребенок тратит деньги, это не значит, что они могут их у него отобрать. Это значит, что ребенок не знал или не усвоил семейные правила.

траты, а потом обсуждать, на чем можно сэкономить, а на чем экономить не стоит. Впрочем, учиться никогда не поздно, но со взрослыми детьми важно найти приемлемую форму, чтобы получился разговор, а не перебранка, не конфликт со взаимными обвинениями, претензиями и попреками. Им тоже нужны и ограничения, и советы, и ориентиры.

Некоторые родители составляют вместе с детьми «вишлисты» — списки желаний. Такие вишлисты помогают планировать покупки, рассчитывать средства, вместе с родственниками готовиться к очередному дню рождения и покупать подарки.

Если ребенок просит что-нибудь, не входящее в наш план покупок, но вполне вписывающееся в его бюджет, то мы можем предложить ему купить это самому. Как правило, многие желания пропадают сами собой, без особых усилий с нашей стороны, когда ребенок понимает, что на свои деньги покупать сложнее.

Важно своим поведением не провоцировать ребенка на безответственные поступки. Скажем, он «забыл» деньги дома и просит нас купить что-то, что он обычно покупает на свои карманные. Мы даем ему в долг, который он обязан вернуть. А если он этого не сделает, нужно доброжелательно, но твердо сказать, что в долг дают только людям с хорошей кредитной историей. Это касается и просьб о выдаче денег раньше срока. Бывает так: деньги закончились, и тогда мама, папа или бабушка с дедушкой втихаря подбрасывают ребенку еще. Он быстро соображает, что к чему, и начинает манипулировать старшими, а те рады стараться в надежде завоевать его любовь и установить с ним «особые» отношения. Ребенок должен четко понимать: он свободен распоряжаться деньгами по своему усмотрению, но если спустил все до копейки, а до следующего «транша» еще неделя, выкручивайся как хочешь — дополнительных поступлений не будет: если деньги кончились — значит, кончились.

Давать свободу в тратах

По мере взросления финансовый контроль должен ослабевать. Как только ребенок привыкнет следовать установленным правилам, можно не нависать над ним, не требовать еженедельных отчетов, не отслеживать СМС с его счета. К 18–20 годам свобода в распоряжении деньгами особенно важна. Мы даем ребенку деньги, а куда он их потратит — это его дело. Нельзя злоупотреблять родительской властью и отнимать у него то, что принадлежит ему по праву.

Карманные деньги — не целевые выплаты на что-то конкретное: на школьные обеды или плановые экскурсии. Целевыми деньгами нельзя распоряжаться как хочешь, а карманными — можно, это свобода выбора. Ребенок может купить на них что-то, что не купят родители (кока-колу, чипсы, мороженое), он может их подарить или потерять. Это вопрос его ответственности, и он не зависит от суммы. К моменту получения денег ребенок уже обладает набором установок и усвоенных правил. Подросток должен понимать, что деньги ему даются уж точно не на то, что запрещено, — например, сигареты, алкоголь. Если родителям не нравится, как он тратит деньги, это не значит, что они могут их у него отобрать. Это значит, что ребенок не знал или не усвоил семейные правила.

Многие воспринимают карманные деньги как эффективное средство манипуляции: лишим денег —

исправится поведение. Я не поддерживаю эту позицию и считаю, что карманные деньги — скорее способ воспитания ответственности и финансовой грамотности.

Уговор дороже денег

От решения денежных вопросов никуда не уйти — рано или поздно они обязательно коснутся и наших детей. Даже если нам кажется, что мы вели себя неверно, что время упущено, а теперь ребенок вырос и назад не отмотать, — ничего страшного. В любом возрасте можно вернуться к пяти принципам, о которых мы говорили. Важно спокойно и твердо сказать, что мы решили изменить систему и с сегодняшнего дня будем придерживаться новых правил. Главное, выполнять их четко и последовательно. Тогда ребенок увидит, что мы вполне разумные люди, что с уважением относимся к нему, с пониманием к его запросам, но как родители несем за него ответственность и потому вынуждены периодически контролировать его и в чем-то ограничивать. Он и сам чувствует себя гораздо комфортнее, когда есть понятная и прозрачная система, когда он знает, на что может рассчитывать, а на что нет.

При правильном подходе карманные деньги станут эффективным способом воспитания и формирования наших отношений с детьми — не финансовых, а личных, семейных отношений.

Когда путешествия вредят детям

Семья, где двое сыновей — девяти и одиннадцати лет, побывала уже практически на всех континентах. Родители придавали этим поездкам большое значение, ведь путешествия — прекрасный инструмент познания мира, развития интеллектуальной и эмоциональной сфер ребенка. Они даже готовы были переносить деловые встречи ради возможности провести время с детьми. Но неожиданно выяснилось, что старший сын не желает ехать в Кению, упрямится, говорит «хочу побыть дома». И родители не могут его уговорить.

Калейдоскоп впечатлений

Мне часто приходится слышать подобные истории. Казалось бы, все должны быть счастливы: дети и родители собираются вместе, впереди их ждет много интересных мест и новых впечатлений. Однако иногда система дает сбой. Почему дети вдруг начинают бастовать и отказываются от очередного захватывающего приключения?

Если посчитать, какое количество путешествий совершает каждая состоятельная семья, в год получится около десяти. Да и домашние уик-энды мы тоже стараемся проводить с пользой — куда-то едем или идем, чтобы не было бестолкового сидения дома. Родители постоянно обмениваются информацией: «А там вы были? Нет еще? Обязательно побывайте!», «А вы куда едете? О! Ну тогда и мы на следующие выходные...»

Раньше мы путешествовали с детьми только на каникулах, теперь стало нормой уехать чуть раньше и вернуться чуть позже. Да еще недельку можно прихватить: «Ничего страшного, пропустил — нагонит!» Уже нет «святого» 1 сентября, когда обязательно надо стоять с букетом цветов на пороге школы.

Программа дальних поездок продумывается заранее. Если это Флоренция, то надо непременно увидеть статую Давида, побывать в Уффици, пройти с экскурсией по городу. В Париже в обязательную программу входят Джоконда и Венера Милосская в Лувре, музей д'Орсэ, прогулка по Монмартру, подъем на Эйфелеву башню и фото Парижа с высоты птичьего полета. Надо всюду успеть, все показать ребенку. Конечно, и Флоренция, и Париж многим уже приелись, и выбираются страны поэкзотичнее, а маршруты позаковыристее. При этом мы постоянно твердим: «Смотри, впитывай, это все для тебя!»

Вся эта беготня и бесконечная круговерть — мест, лиц, событий — утомительна даже для взрослых, что уж говорить о детях. Ребенок в принципе не в состоянии все это выдержать физически, переварить и усвоить эмоционально. А мы еще и обижаемся: «Неужели не помнишь? Мы же там были, специально экскурсовода нанимали».

Дети, как правило, действительно не запоминают ту информацию, которой их целенаправленно загружают. Зато потом, уже дома, они могут вспоминать желтый велосипед, стоявший возле какого-нибудь архитектурного шедевра (а на сам шедевр они даже внимания не обратили), или жука, ползавшего по травке, пока родители увлеченно слушали гида.

Если ребенок отказывается от очередной поездки, от очередного аттракциона, не надо воспринимать это как «протест ради протеста», каприз, попытку самоутвердиться — это здоровая защитная реакция.

Детский организм мудрый, он начинает выстраивать защиты от накатившего на него вала информации. Ребенок уже не отличает один город от другого, сегодняшний музей — от того, в котором он был вчера, он вообще перестает чем-либо интересоваться и испытывать какие-то эмоции. Я много раз наблюдала такую картину: стоит группа туристов, экскурсовод что-то рассказывает, а ребенок пристроился в сторонке и играет в свои стрелялки на телефоне. Родители его одергивают, шикают: «Как ты себя ведешь? Для чего мы ехали?» А он уже просто ничего не хочет и не может.

Нервная система детей очень уязвимая и хрупкая, а мы в своем стремлении везде успеть и все посмотреть бомбардируем ее бесконечной чередой ярких внешних раздражителей. В конце концов наступает сильное переутомление. У одних детей это выражается в желании, чтобы от них отстали и оставили в покое, у других — в попытке выпустить пар, расслабиться. Мы часто видим, как ужасно они ведут себя в общественных местах. Дети остаются детьми в любой ситуации. Во время бесконечных переездов и ожиданий их одолевает скука. Неудивительно, что они бегают в музеях, шумят в ресторанах и самолетах, всем мешают.

Вместе или порознь?

Многие родители полагают, что совместные поездки сближают семью. Но это не всегда так. Знакомая картина: на горнолыжном курорте день обычно начинается с того, что ребенка сдают инструктору, инструктор с ним катается, на склоне ведет его в ресторан обедать, потом опять на лыжи или

Дом — это место, где ребенок должен восстанавливаться и развиваться, где он чувствует себя защищенным. Дом сам по себе может быть источником энергии, эмоций, впечатлений.

в отель — в лучшем случае вся семья собирается только за ужином.

Даже когда мы физически находимся в одном пространстве, пусть и круглые сутки, это не означает, что мы реально вместе и по-настоящему в контакте. Между нами всегда стоит какое-нибудь дело: экскурсия в музей, обед в ресторане, парк аттракционов. И получается, что в поездках мы уделяем ребенку не намного больше времени, чем дома.

Где бы мы ни были — дома или в путешествии, надо обязательно оставлять время на ребенка: пообщаться с нами, повозиться, поболтать, пообниматься для него гораздо важнее, чем увидеть очередную достопримечательность.

Все в меру

Может быть, стоит вообще отказаться от путешествий? Конечно нет. Но в интересах ребенка количество поездок надо сократить и разумно их планировать.

Программа поездки должна быть ребенку по силам. Одного музея или одной экскурсии в день, как правило, вполне достаточно. А потом надо обязательно отдохнуть: просто погулять, посидеть в кафе, восстановиться, прежде чем отправляться за следующей порцией впечатлений.

Если мы едем в путешествие всей семьей, надо быть готовыми к определенным ограничениям, поэтому стоит заранее решить, какие впечатления мы хотим получить сами и какие дать ребенку, подумать о том, совпадают ли наши желания с его возможностями, учитывать его возраст и темперамент. А заодно проанализировать, как скажутся на дет-

Нервная система детей уязвимая и хрупкая, а мы в своем стремлении везде успеть и все посмотреть, бомбардируем ее бесконечной чередой ярких внешних раздражителей.

ском организме смена климата, перемена часовых поясов, длительные перелеты.

Любые чрезмерные нагрузки вредны. Ребенок не может постоянно быть дисциплинированным, собранным, нацеленным на восприятие. Все должно быть в меру, чтобы напряжение чередовалось с расслаблением, а впечатления — с их отсутствием.

Под крышей дома своего

Где ребенок может по-настоящему набраться сил? Конечно, дома — вернувшись из поездки, придя из школы. Нам, взрослым, надо осознать, насколько важен для ребенка дом, понять его роль, его значение. Не зря же одиннадцатилетний мальчик с легкостью меняет путешествие в Африку на возможность побыть дома.

Дом — не просто помещение, это место, пространство с определенными условиями, распорядком, внутренним укладом, — нечто устойчивое и надежное, традиционное и безопасное, живущее собственной жизнью. Запахи дома, привычные игрушки, книжки, мебель — все это создает атмосферу покоя. Дом — это пристань, порт приписки, место, где ребенок должен восстанавливаться и развиваться, где он чувствует себя защищенным. Дом сам по себе может быть источником энергии, эмоций, впечатлений. Именно дома приходит ощущение абсолютной свободы, раскованности, здесь можно не думать о том, как ты выглядишь со стороны.

Сегодня значение дома незаслуженно принижается. Однообразие домашней обстановки — это ее достоинство, а не недостаток. Но у современных детей зачастую нет возможности почувствовать эту «целебную монотонность» домашнего бытия. Недавно я разговаривала с мальчиком, который живет в огромном доме с прекрасным парком, граничащим с лесом. Я знаю эти места и спросила его: «Там на речке есть островок, он тебе нравится?» Он посмотрел на меня с удивлением: «Я там никогда не был». Он неплохо ориентируется в Париже, Шамони или Венеции, но никогда не ходил в лес и на речку рядом с домом, не знает, что находится в двух шагах за его забором.

Многие из нас просто не умеют «быть дома», этот навык вообще утрачен: если ты провел выходные дома, считай, что они пропали. Когда мы устаем, мы говорим: «Хочу куда-нибудь поехать отдохнуть». И когда ребенок устал, мы тоже стараемся повезти его куда-нибудь «отдохнуть». Нам даже не приходит в голову, что отдохнуть — расслабиться, поваляться, почитать, поиграть, помечтать — он может и дома.

Если ребенок отказывается от очередной поездки, от очередного аттракциона, не надо воспринимать это как «протест ради протеста», каприз, попытку самоутвердиться — это здоровая защитная реакция. Он перекормлен впечатлениями, он устал вникать, запоминать, сосредоточиваться.

Нужно ли заставлять его покидать дом? Ни в коем случае. Наоборот, стоит с уважением отнестись к его желанию, поговорить с ним, узнать, чего он хочет, о чем думает, приглядеться, как он проводит время дома, что ему интересно, что его занимает. Это хороший повод пересмотреть наш график, наши планы, чтобы каждое новое путешествие было для детей не утомительной рутиной, а настоящим событием.

Чем опасны детские шоу?

Родители одиннадцатилетнего мальчика решили, что следующим шагом в развитии его артистической карьеры должно стать детское телешоу. Он хорошо поет, солирует в хоре музыкальной школы и его отобрали для очень популярной программы. Началась другая — яркая — жизнь. Сын оказался в центре внимания многих взрослых, дошел почти до финала. Его даже стали узнавать на улице. А потом все внезапно закончилось. На очередном витке конкурса он сошел с дистанции, и о нем мгновенно все забыли. Теперь он не хочет больше петь в хоре, плохо спит, стал раздражительным, ничто не вызывает у него интереса.

Чего хотят родители

Что движет родителями, отправляющими на конкурс своих детей? На первый взгляд только благие намерения — развить талант ребенка и помочь ему запрыгнуть в тот самый «социальный лифт», который поднимет его на олимп, сделает богатым и знаменитым.

«Ребенок сам хочет участвовать в шоу, он сам мечтает...» — говорят родители. Но скажем честно: мы с азартом бросаемся в такого рода предприятия не только ради благополучия детей, но и ради себя самих, ведь это возможность «раскрасить серые будни», сделать однообразную жизнь яркой, насыщенной событиями и эмоциями, увидеть своего ребенка (а возможно, и себя) на экране, окунуться в среду, которая всегда казалась для нас закрытой, недосягаемой. Для многих это еще и способ через ребенка реализовать собственные амбиции и несбывшиеся мечты. К тому же, если ребенку удастся прославиться, известными станут и родители. Взрослым кажется, что для ребенка телевизионный конкурс — это «чудесное приключение», которое он запомнит на всю жизнь. Безусловно, запомнит, но как это на него повлияет?

Обратная сторона Луны

Любое состязание — это тяжелая конкурентная среда. На старте буквально толпы детей. Их отбирают и просеивают, как сквозь сито, прежде чем выпустить на сцену. Погружая в нее ребенка, мы, по сути, заставляем его резко взрослеть. Ведь что такое детство? Это спонтанность, непосредственность эмоций, игра, искренность, безответственность — одним словом, легкость бытия. Именно в такой атмосфере созревают необходимые для дальнейшей жизни психологические качества, в том числе креативность, способность к творчеству. Отдавая ребенка в телешоу, мы помещаем его во взрослую жизнь, где надо точно следовать тому, что тебе говорят, выражать эмоции «по сценарию». Подготовка, отбор, репетиции, выступления тур за туром — постоянный стресс. Я называю это «телевизионной скороваркой» — из ребенка пытаются слишком быстро сделать взрослого. При этом ответственность, которая ложится на плечи детей, несопоставима с их возможностями.

Кто-то возразит: а как же школа, там ведь тоже надо следовать правилам? Школа — это обычная жизнь, а шоу — своего рода форс-мажор. По эмоциональному накалу это вещи несравнимые. Подготовка к шоу — это жизнь «как в прицеле винтовки»: есть одна цель, и ты к ней идешь. Ничто другое тебя уже не занимает, все силы брошены на одно, домашние дела и даже учеба — все побоку, все уходит на второй план.

Дети стараются изо всех сил: они ловят флюиды, которые исходят от мам и пап, боясь не оправдать их надежды и потерять их любовь. И родители бросают свои дела и какой-то период тоже живут только этим. Полное слияние родителя и ребенка нормально, когда речь идет о младенце. Но в случае с детьми постарше подобный симбиоз вреден — он тормозит их развитие.

Детский нарциссизм

Вполне естественно преувеличенно восхищаться малышом: он — пуп земли, его хвалят, им гордятся, но с возрастом нарциссизм должен уходить. Ребенок постепенно начинает понимать, что не может быть во всем «самым-самым» — самым красивым, умным, талантливым. Но его все равно любят — и жизнь прекрасна! В шоу взрослые буквально взращивают в детях тщеславие, самовлюбленность, эгоизм. И вот ребенок начинает нуждаться в постоянном восхвалении, в эмоциональной «накачке», тяжело переживает успех других, завидует, ему трудно искренне общаться. Помню, как в интервью за кулисами популярного вокального конкурса 11-летняя девочка без тени смущения расхваливала себя: «Я очень талантливая. Другие дети тоже талантливые, но у них нет того, что есть у меня...» Вокруг нее суетились мама и пара маминых подруг — «группа поддержки», — разгоряченные, возбужденные, восторженные.

Когда все нацелены на победу, когда происходит, как говорят психологи, «сдвиг мотива на цель», нравственные ориентиры смещаются, и оказывается, что «все средства хороши», и сразу вспоминаются истории из балетной жизни, когда конкурентам подсыпают битое стекло в пуанты.

Успех или провал?

В любом шоу обстановка накалена до предела. И, представим, ребенок проигрывает. Травма? Безусловно! Так что, прежде чем начинать готовиться к шоу, нужно взвесить возможности ребенка: насколько созрела его психика, способен ли он выдержать соревновательный марафон, как он будет чувствовать себя в сверхоценочной среде, в атмосфере жесточайшей конкуренции, сможет ли справиться с проигрышем, как это отразится на его самооценке, на отношениях со сверстниками?

Как понять, что ребенок готов к подобным испытаниям? Нужно посмотреть, как он вообще относится к поражениям: когда проигрывает, например, в настольные игры, как переживает критику, плохие оценки, как относится к тому, что кто-то лучше него рисует, поет, танцует.

Конечно, психика с возрастом развивается и крепнет. Но некоторые, особенно талантливые, дети — более восприимчивые, более чуткие, более

При любых обстоятельствах «островком безопасности» для детей должна оставаться семья.

ранимые. Поэтому надо не семь, а тысячу раз отмерить, прежде чем бросаться вместе с ребенком в этот омут. А между тем здесь опасно все — и поражение, и уж тем более победа.

Судьбу победителей завидной не назовешь. Праздник быстро закончится, фанфары смолкнут, софиты погаснут, и снова начнется обычная жизнь. Каких-то сверхталантов у победителя нет: просто так сложилось и на его долю выпала слава. Ребенок ничего еще, по сути, не добился, не достиг в плане реализации своих задатков, а уже стал знаменитым. Как это у Пастернака: «Позорно, ничего не знача, быть притчей на устах у всех...» Никакого социального лифта телешоу не обеспечивает. Значит, подняться выше не удастся, придется спускаться с олимпа, а это очень тяжело. Ребенок возвращается в музыкальную школу, где дети за это время ушли далеко вперед, и жизнь теперь кажется ему пресной. Очень скоро про него забывают, и для него это становится трагедией.

Падать с такой высоты без травм редко кому удается. Вспомните тех, кто прославился в детстве, — у многих очень тяжелые судьбы: одни рано подсели на стимуляторы, другие неблагополучны в социальном плане, у третьих психические расстройства.

Островок безопасности

Шоу создаются не для детей, которые в них участвуют. Они существуют для зрителей. Шоу живет по своим законам, по своему сценарию, чтобы публика не скучала, чтобы было что обсудить — в соцсетях, в салонах красоты, на работе. Здесь ребенка, как сказочного героя, ждут «огонь, вода и медные трубы». Этот молох перемалывает все и вся. Но если мы все-таки решили отправить нашего ребенка на один из конкурсов, мы должны как минимум обеспечить его безопасность. Что я имею в виду?

Надо настроить ребенка так, чтобы он понимал: шоу — это не главное в его жизни. Его результаты не могут быть условием счастья или несчастья, а значит, надо спокойно относиться и к проигрышу, и к выигрышу. Его задача не победить, не выйти в финал, не «раскидать конкурентов», не «уложить на лопатки жюри», не заставить рыдать зрителей, а получить удовольствие от своего выступления, проявить свой талант, свою творческую энергию и понравиться самому себе. Соревноваться надо не с конкурентами, а только с самим собой. И тогда, на каком бы этапе маленький участник ни вылетел, это не станет для него травмой: он сможет объективно оценить, что ему удалось, а что не удалось, над чем стоит поработать. Так мы оградим ребенка от разъедающей конкурентной среды, от закулисных дрязг, от необходимости подстраиваться под «общие стандарты», ориентироваться на чужое мнение — все равно всем не угодишь!

При любых обстоятельствах «островком безопасности» для детей должна оставаться семья. Ребенок зависит от нас эмоционально, а в стрессовых ситуациях особенно нуждается в нашей любви и поддержке. Он должен быть уверен, что мы его любим и будем любить независимо от результатов — хорошо он выступил или неудачно, выиграл или проиграл, понравился судьям и публике или не понравился. Наша безусловная любовь будет для него опорой, защитой, надежным тылом, источником вдохновения, уверенности в себе.

Телевизионные шоу талант ребенка не развивают, а эксплуатируют. А развивать его надо в семье. И делать это не рывками в авральном режиме, а постоянно, методично, бережно и заботливо, в спокойной, доброжелательной атмосфере, отставив в сторону собственные амбиции и родительское тщеславие. И тогда есть надежда, что талант окрепнет и расцветет, и если когда-нибудь придет к нашему ребенку слава, она будет по-настоящему заслуженной.

Как быть, если ребенок завел «плохого» друга

Мальчик из благополучной семьи ходит в хоккейную секцию. Там он нашел себе друга. Правда, друг плохо учится, курит, матерится, чуть что — лезет в драку. Учителя подливают масла в огонь: «Как только ваш мальчик стал водиться с этим хулиганом, у него сразу же снизилась успеваемость». Родители несколько раз говорили с сыном, пытаясь «открыть ему глаза». Но все без толку: отвадить его от этой дружбы не получается. Он от нового друга в восторге, во всем берет с него пример, а мама с папой не знают, что делать.

На войне как на войне

Нам кажется, мы лучше знаем, с кем стоит дружить нашим детям, а с кем не стоит. Мы мечтаем видеть рядом с ними достойных друзей — умных, воспитанных, начитанных. Расхожие фразы «с кем поведешься, от того и наберешься», «скажи мне, кто твой друг, и я скажу, кто ты» родились не на пустом месте и, как показывает жизнь, недалеки от истины. Понятно, что нас тревожит, когда сын или дочь заводят дружбу «с кем попало».

Бывает, что новоиспеченный друг — не из нашего круга, из семьи с другим материальным достатком, культурой, традициями. Нас раздражают его речь, одежда, манеры, представления о жизни. Его «инаковость» вызывает отторжение, что неудивительно: как показывают исследования, «чужаки» чаще всего воспринимаются нами не просто как другие, а оценочно — как «плохие» люди. Мы все в плену стереотипов, они мешают нам видеть что-то хорошее в людях, которые на нас не похожи. Поэтому мы пытаемся убедить ребенка, что он не с тем связался, если нам не нравится его новый знакомый: «Ты ничего не понимаешь ни в жизни, ни в людях. Поверь мне!»

Мы обеспокоены тем, что новый друг может «дурно повлиять» и «испортить» нашего ребенка. Но мы еще и ревнуем, нам обидно: мы столько лет вкладывали в голову своего чада правильные вещи, учили, воспитывали, и вдруг им начинает управлять кто-то другой, а он смотрит на него, открыв рот, и не обращает внимания на то, что говорим мы. Одним словом, у нас появляется соперник, чье обаяние превосходит наше и чей авторитет «бьет» наш авторитет. Мы не готовы с этим мириться и разочарованы тем, что наш ребенок оказался не лидером, а ведомым.

Многих родителей чувство опасности заставляет сразу переходить к активным действиям. Они запирают детей дома, отбирают телефон, отключают интернет. Бывает, даже переводят в другую школу. То есть всеми силами стараются оборвать контакты, разрушить дружбу, которую считают вредной.

Кто-то начинает шпионить за ребенком, нанимает людей, которые выслеживают, с кем он общается, читают его переписку в соцсетях. Дети в ответ просто закрываются, «уходят в подполье»: встречаются тайком, врут, изворачиваются.

Порой родители действуют подкупом: «Если ты перестанешь с ним общаться, мы для тебя...» Получается, мы предлагаем ребенку «сдать» друга «за тридцать сребреников». Воспитательный эффект от таких действий можно даже не обсуждать.

Мой профессиональный и жизненный опыт (и позитивный, и негативный, как у всех родителей) подсказывает, что не стоит воспринимать такие отношения однозначно негативно. Я сразу вывожу за скобки случаи, когда в ход идут наркотики или алкоголь, — тут должен быть строгий запрет и по-настоящему жесткая воспитательная работа. Но сейчас мы говорим просто о «плохом» друге. При этом надо иметь в виду, что это наша проблема. Ребенок на своего друга не жалуется. Это нам он не нравится, а не ему.

Не так уж плох?

К сожалению, даже в самых безобидных случаях мы привыкли действовать безапелляционно: «не пущать и запрещать». Но запрет — это своего рода поводок, с которого дети все равно сорвутся. В детстве многим из нас тоже говорили: «Подружись с Машей, она такая хорошая девочка», и мы помним, как это было неприятно. А еще хуже было, когда не разрешали дружить с теми, к кому нас тянуло.

Зададимся вопросом, почему наш ребенок выбрал именно такого друга, что дает ему эта дружба, попытаемся услышать, что ребенок говорит про своего нового товарища, и понять, чем он так привлекателен для него.

Не исключено, что «плохой друг» — на самом деле всего лишь подростковый протест против нас и наших представлений о жизни, желание нам насолить. Ребенку кажется, что мы его не понимаем, а друг понимает, с нами уже не интересно, а с ним интересно.

Или ребенок мечтает стать таким же популярным, как его новый знакомый. А как набрать очки в этом возрасте? Низвергать авторитеты, грубить, хамить учителям, курить за школой, ввязываться в драки. Подростков часто привлекают вещи, которые взрослые считают абсолютно неприемлемыми.

Детей может связывать что-то очень значимое, о чем мы даже не догадываемся. Возможно, кто-нибудь посмеялся над нашим сыном, а этот парень заступился за него, одернул обидчика. Или наш ребенок видит в нем кладезь интересных мыслей и таких личностных качеств, которые мы не заметили, а он успел разглядеть и оценить, например умение сопереживать, готовность прийти на помощь. Дети бывают куда более мудрыми и менее зашоренными, чем мы. В конце концов, «образцовая» семья, хорошие оценки, спортивные достижения, аккуратность и вежливость не делают человека хорошим другом.

И почему мы думаем только о влиянии «плохого» друга на нашего ребенка? Ведь это процесс обоюдный, и, возможно, наш ребенок как раз позитивно повлияет на другого. Такой опыт всегда обогащает.

Познакомиться поближе

Нам нужно научиться быть терпимее к тем, кто нам не нравится, и проявлять уважение к выбору ребенка. Не стоит поспешно высказывать сомнения и давать негативную оценку новому товарищу сына или дочери. Возможно, ничего плохого в друге нет, просто он «другой». Прямые обвинения, обзывания, яр-

Маленький ребенок должен обжечься или порезаться, чтобы узнать, что такое горячее или острое, — и в социальной жизни то же самое. Нужно получить негативный опыт, проанализировать его и сделать выводы.

лыки только накаляют страсти — мы спровоцируем конфликт, испортим отношения с ребенком, и тогда он тем более не поменяет своего мнения. Мы только укрепим «запретную» дружбу, заставим сына или дочь бороться за нее и, возможно, даже подтолкнем к каким-то радикальным действиям.

Попробуем поговорить: «У тебя появился новый друг? А чем он тебе нравится?» Бывает, что ребенок начинает рассказывать и сам чувствует, что с новым приятелем что-то не так. И спокойно разрывает отношения. Но надо быть готовым и к тому, что такая дружба продлится некоторое время.

Можно пригласить нового друга в гости, взять с собой на прогулку или в поездку — так мы сможем познакомиться с ним поближе и понять, что связывает его с нашим ребенком. Если же друг начинает вести себя неадекватно: ломает вещи, шумит, засиживается у нас до поздней ночи, — стоит сделать замечание. А если не действует, то, как говорили в старые времена, «отказать от дома». Мы защищаем свои границы, отстаиваем свои правила и демонстрируем уважение и к себе, и к своему дому. А заодно показываем ребенку, как это делается, — мы даем ориентиры и модель поведения, которую он со временем примет.

В квартиру моих знакомых друг сына принес пневматическое ружье и затеял сомнительную игру: он начал стрелять из окна по птицам и случайно пробил стекло чужого дома. Соседи вызвали полицию. Как только дело приняло опасный оборот, парень, бросив ружье, убежал, и сыну моих знакомых пришлось отдуваться одному. Зато он быстро понял, чего стоит его новый «друг». Ситуация разрешилась сама собой. Разумеется, в таких случаях не надо акцентировать внимание на собственной правоте и укорять ребенка: «Вот видишь, мы же тебя предупреждали!»

Иногда бывает даже полезно дружить с «плохишами». Например, новый друг эксплуатирует нашего ребенка, манипулирует: приближает к себе, а потом подшучивает над ним, высмеивает в компании. Ребенок это понимает и очень переживает. Но опыт манипулирования и агрессии (разумеется, без вреда для здоровья и при условии, что мы поможем ребенку увидеть, что происходит, и научим выходить из трудной ситуации) позволит ему развить эмоциональный интеллект и выработать социальный иммунитет.

Если же мы целенаправленно создаем стерильную среду, в которой нашего ребенка будут окружать только хорошие мальчики и девочки, чинные и благородные, которые не толкнут и не обидят, он вырастет инфантильным, не приспособленным к реальной жизни.

Маленький ребенок должен обжечься или порезаться, чтобы узнать, что такое горячее или острое, и в социальной жизни происходит то же самое. Нужно получить негативный опыт, проанализировать его и сделать выводы.

Разрешить нельзя запретить

Ребенок растет и хочет сам выбирать, с кем ему дружить, пытается вырваться из очерченного нами круга «отсеянных и промаркированных» детей, которых приводят на дни рождения и прочие праздники. Мы должны предоставить ему это право. Нравится нам это или нет, но по мере взросления он все больше будет общаться со сверстниками, а наши возможности отследить, просканировать его связи будут уменьшаться. Если мы не станем препятствовать, критиковать, осуждать его контакты, а, напротив, продемонстрируем терпимость и уважение к его выбору, у него не будет повода цепляться за сомнительных друзей, что-то кому-то доказывать и проявлять упрямство вопреки здравому смыслу. Разрешив «нежелательную» дружбу, мы как минимум не испортим наши отношения с ребенком, а, скорее всего, укрепим. А если случится что-нибудь «из ряда вон», он сам открыто расскажет об этом, не боясь нашего сарказма, иронии и насмешек.

Если мы смогли создать базу для доверительных отношений с детьми — очень хорошо. Если нет, то, как я не устаю повторять, никогда не поздно наверстать упущенное, но только начинать надо прямо с этой минуты. И тогда в будущем ребенок придет за советом именно к нам и мы первыми будем узнавать о том, что происходит в его жизни, в том числе и о его новых друзьях.

Что делать, если ребенок покупает дружбу

Мама шестиклассника заметила, что сын подозрительно часто что-нибудь теряет: то карманные деньги, то мобильный телефон, то шарф с логотипом популярной футбольной команды, который папа привез ему из Испании. Потом он зачем-то взял с собой в школу новый планшет и тоже его «потерял». Родители решили серьезно поговорить с сыном. Мальчик разговаривать отказался. Тогда папа пригрозил, что пойдет в школу и будет выяснять этот вопрос с его одноклассниками. И только после этого сын признался, что и деньги, которые ему выдают еженедельно на карманные расходы, и гаджеты, и шарф он подарил мальчику из параллельного класса: «С ним все хотят дружить, и я тоже. Я хочу, чтобы он пригласил меня на день рождения».

Подкупить и задобрить

Подобные проблемы не редкость: дети без ведома родителей берут из дома вещи, деньги, чтобы завоевать чью-то дружбу, и никакие уговоры и наказания на них не действуют. Конечно, родителей это беспокоит. Но прежде чем что-то предпринимать, надо разобраться, почему дети так поступают.

С трех лет у ребенка появляется интерес к сверстникам. Ему уже недостаточно общения с мамой, папой и другими домашними. А в школе, особенно ближе к подростковому возрасту, потребность в дружбе, любви, признании становится ведущей. Ребенок, у которого есть друг или друзья, по сравнению с «одиночкой» чувствует себя более защищенным, уверенным, уровень его психологического комфорта намного выше. А если подружиться не получается, он ощущает свою неполноценность, несостоятельность и пытается преодолеть ее любыми способами.

Зачастую дети просто не знают, как завоевать расположение тех, с кем они хотят общаться, и первое, что приходит на ум, — это подарить что-нибудь ценное своему будущему другу, а по сути — подкупить и задобрить. Поэтому они отдают свои вещи или крадут из дома, даже если понимают, что поступают плохо: желание иметь друга сильнее страха быть «пойманным за руку» и боязни наказания.

Задаривание и подкуп — это своеобразный психологический костыль для ребенка, который или не уверен в себе, или уже получил негативный опыт, попытавшись с кем-нибудь сблизиться.

Не бывает дыма без огня: раз ребенок действует именно так, значит, он не видит других путей, других вариантов обрести друга. Почему? Успех или неуспех отношений зависит от навыков общения, самооценки, способности признать себя интересным для других. Чем из этого ребенок овладел к школьному возрасту? Где он набирался опыта? Прежде всего в семье. Поэтому стоит посмотреть: а как мы строим свои взаимоотношения с ребенком, с нашими близкими, друзьями? Как выражаем свою любовь? Не пытаемся ли и мы наладить отношения с помощью подарков и подношений? Не откупаемся ли от детей, когда у нас нет времени и сил на общение с ними? Что мы делаем, когда ребенок расстроен? Самое легкое — купить ему что-нибудь,

Если наши отношения с окружающими больше похожи на «товарно-денежные», не стоит удивляться, что ребенок поступает так же.

чтобы поднять настроение. Бывает, что разведенные супруги, стараясь заслужить расположение ребенка и «набрать больше очков», начинают состязаться — кто купит подарок лучше и дороже. Их примеру следуют бабушки и дедушки с обеих сторон — получается своего рода турнир по задариванию и перетягиванию ребенка на свою сторону.

Важно подумать, а по какому принципу мы сами выбираем себе друзей? Почему дружим с этим человеком, а не с другим, и как мы сохраняем, поддерживаем эту дружбу? Есть ли у нас действительно искренние, эмоциональные, близкие отношения? Или они строятся по принципу «ты — мне, я — тебе»?

Если в результате этих размышлений мы поймем, что наши отношения с окружающими больше похожи на «товарно-денежные», не стоит удивляться, что ребенок поступает так же.

Учить дружить

Когда причина неприглядных поступков ребенка кроется в желании обрести друга, а дружба в его «шкале ценностей» занимает одно из первых мест, стоит отнестись к этому серьезно, спокойно, с уважением и пониманием и помочь ему справиться с проблемой. Не у каждого получается подружиться сразу и надолго. Дружбе тоже нужно учить. На что при этом родителям следует обратить внимание?

Строить отношения на равных

Ребенка ни в коем случае нельзя упрекать, критиковать, унижать, ругать, смеяться над ним. Не стоит говорить, что с ним дружат только из-за того, что

Надо вместе с ребенком подумать, а что в нем может быть такого неординарного, необычного, что привлечет к нему сверстников, — одним словом, помочь ему найти свою «фишку».

он приносит деньги, дарит вещи или гаджеты. Важно помочь ему увидеть, что лежит в основе его отношений с другими. Надо объяснять, что дружба — это отношения равных, что настоящую дружбу купить невозможно, что это не игра в одни ворота, что у каждого есть «своя территория», свои чувства и желания, которые надо ценить.

Дружба — это и конфликты, и компромиссы. Не всегда все идет гладко. Ребенку предстоит научиться постоять за себя, не поддаваться манипуляциям, защищать свои границы и в то же время оставаться открытым, не жертвовать своими интересами и не быть на побегушках у «друга», который ему так нравится. Часто дети, стремящиеся к близким, дружеским отношениям, пытаются всеми способами заработать одобрение значимых для них сверстников. Надо объяснить ребенку, что нельзя растворяться в другом, надо отстаивать свои желания, свое «Я». Как это сделать?

Можно обсуждать и разбирать с ним разные ситуации общения, спрашивать, почему он хочет дружить с тем или иным мальчиком или девочкой, помогать находить «общие точки». И, конечно, учить говорить «нет», если у него вымогают деньги или вещи в обмен на дружбу.

Искать свою «фишку»

С одной стороны, дети хотят быть «как все»: иметь такие же телефоны, кроссовки, такую же одежду. С другой — они мечтают быть особенными, «выделяться из толпы». Поэтому надо вместе с ребенком подумать, а что в нем может быть такого неординарного, необычного, что привлечет к нему внимание сверстников, — одним словом, помочь ему найти свою «фишку». Это может быть хобби — например, игра на каком-нибудь музыкальном инструменте или знание всех игроков футбольной команды с их биографиями и этапами спортивной карьеры.

Помимо одноклассников существуют и другие группы, где ребенок может выделиться и проявить себя. Спортивные, творческие, интеллектуальные кружки и секции создают среду единомышленников, где ребенок сможет почувствовать себя интересным и нужным, завоевать авторитет, о котором так мечтает, наладить новые отношения, а потом перенести полученный положительный опыт в свой класс.

Держать двери открытыми

Хорошо, если у нас есть что рассказать детям о своих друзьях, о том, как мы подружились, что нас объединяло, что скрепляло нашу дружбу, как она проходила проверку временем. То есть показать пример реальной дружбы.

Стоит почаще приглашать в дом и своих друзей, и одноклассников наших детей, чтобы у них была возможность пообщаться в комфортной обстановке и получше узнать друг друга. Лучше заранее придумать и обсудить с ребенком, чем все будут заниматься, в какие игры играть. Можно, например, устроить соревнование двух команд, кто быстрее построит башню, или всем вместе сделать пиццу. Побывав в роли хозяина дома и организатора игр, ребенок наверняка будет чувствовать себя намного увереннее.

В жизни наших детей всегда будут люди, которые попытаются использовать их стремление завязать дружбу в своих интересах, поэтому им так необходимы адекватная самооценка, эмоциональная устойчивость и хороший коммуникативный репертуар. Иногда эти качества и навыки оказываются важнее многих знаний, которые ребенок получает в школе.

А «тренировочным полигоном» для формирования всех этих навыков, конечно же, должна стать семья. Помогая нашим детям подружиться со сверстниками, мы получаем дополнительную психологическую выгоду — начинаем лучше понимать друг друга, становимся ближе и роднее.

Что делать, если ребенка травят

Спокойный, уравновешенный мальчик 12 лет в школе на хорошем счету. И с одноклассниками он вроде бы в дружеских отношениях. Но однажды после занятий ребята из класса позвали его покурить. Он отказался. С тех пор они просто не дают ему прохода: на переменах толкают, обзывают, пишут гадости в соцсетях. А недавно на уроке ему на спину прилепили скотчем листок из тетради с оскорбительной надписью. Он ничего не заметил, вышел в коридор и тут же стал «героем дня»: все над ним смеялись, показывали пальцами, снимали на мобильники. Этот случай стал последней каплей — ребенок наотрез отказался ходить в школу.

Вожак и стая

Такое явление, как травля, существовало всегда и знакомо многим. Вспомним свои школьные годы — кто-то был объектом травли, кто-то свидетелем, а кто-то сам в ней участвовал. Некоторые из нас успели побывать во всех этих ролях. С появлением интернета травля приобрела поистине «вселенские масштабы». Недаром слово «травля», или «буллинг», теперь слышишь все чаще. Травля бывает чисто психологической, эмоциональной, но порой те, кто травит, переходят от слов к делу, и тогда все может закончиться физическими травмами.

Почему травля так распространена? В однородных коллективах: школьных, армейских, тюремных, где собраны люди одного возраста или даже пола, она возникает чаще, поскольку здесь действуют законы групповой динамики. Если оставить такие группы без надзора, люди стихийно «сортируются»: одни становятся «властелинами», «вожаками», другие — козлами отпущения, третьи — зрителями, наблюдающими за происходящим, или даже подпевалами, как шакал из «Маугли». И все начинают играть соответствующие роли. Чаще всего травлю организуют или те, кто оказался «на вершине», или, наоборот, те, кто остался за бортом и не может никак иначе занять доминирующее положение.

Поводы для травли могут быть абсолютно разными, и невозможно угадать, кто станет следующей жертвой: слишком толстый или слишком тощий, тот, кто заикается, или рыжий, «богатенький сынок» или «нищеброд», слишком умный или «тупой отморозок». «Градус» травли зависит и от организаторов — их настроения, характера, целей, и от реакции жертвы, и от поведения зрителей, но суть всегда одна: установить свою власть и поиздеваться над другими.

Если люди, которые отвечают за группу — педагоги, воспитатели, надзиратели, командиры — не контролируют процесс, не проводят специальной, целенаправленной работы, чтобы культивировать иное поведение, то травли не избежать. Это как с сорняками: не будешь выкорчевывать, выпалывать — они забьют, задавят остальные растения. Некоторые «командиры» прямо заинтересованы в буллинге: через «вожака», который подавляет других, легче управлять и держать под контролем всю «стаю». И там, где это поощряется, явно или негласно, сорняки цветут махровым цветом.

Бегом от проблем

Как чаще всего ведут себя родители, чьи дети подвергаются травле? Одни просто отходят в сторону, будто их это не касается: «Это всегда было, есть и будет, и в моей школе такое было. Ну и что, все выжили, ничего страшного, надо перетерпеть, пусть не валяет дурака».

Другие вообще ничего не замечают до тех пор, пока не случится что-нибудь серьезное: «А мы и не знали!» Они как будто не видят, что ребенок не хочет ходить в школу, что он стал агрессивным или напуганным, что возвращается домой заплаканным, с синяками, испачканный, с порванным рюкзаком, закрывается в комнате, не хочет общаться, плохо ест, плохо спит, то и дело притворяется больным, чтобы не выходить из дома.

Бывает, что родители начинают стыдить ребенка, как будто это он провоцирует травлю: «Сам виноват — говорили тебе, что надо похудеть», «Да что ты как размазня, сдачи дать не можешь? Вот я в твои годы… а ты, рохля…» А потом мы сетуем, почему дети скрытничают, не жалуются. Да потому, что знают, каким будет ответ: сам виноват!

Иногда, узнав о травле, взрослые без каких-либо выяснений быстро переводят ребенка в другую школу — и дело с концом.

Во всех этих случаях родители, по сути, обесценивают переживания ребенка и оставляют его один на один с проблемой. Но без нашей помощи и поддержки дети чувствуют себя брошенными и преданными. Не все готовы рассказывать о том, что с ними происходит: стыдно выставлять себя «слабаком». Согласно исследованиям, больше половины подростков вообще не надеются на взрослых — ни на учителей, ни на родителей. Они еще больше замыкаются в себе, стараются не показывать, как им плохо, терпят унижения, стиснув зубы. Все это может привести к очень тяжелым и печальным последствиям. В результате травли со стороны одноклассников ребенок получает огромную психологическую травму. У одного появляются нервные расстройства и фобии. Другой задумывается о самоубийстве. А третий приходит в школу с оружием.

Во все колокола

В критической ситуации (а травля именно такая ситуация) важно собраться и подумать, что мы можем сделать. Прежде всего мы ни в коем случае не должны отстраняться. Стоит признать, что наш ребенок уж точно ни в чем не виноват. Травля — это проблема, которая может возникнуть в любом коллективе и с любым ребенком. Как действовать?

Главное — привлечь внимание к тому, что происходит, «посветить фонариком» туда, где «слизь и грязь». Надо показать реальную ситуацию как можно большему числу людей: администрации школы, учителям, другим родителям, которые закрывают на это глаза, потому что не знают, что с этим делать, или просто боятся в это влезать, и ученикам, которые так или иначе, прямо или косвенно в этом участвуют. Нужно буквально бить во все колокола! А если нанесены травмы — сообщить в полицию.

Когда родители начинают разбираться с обидчиками, не поняв до конца ситуации и толком не поговорив с ребенком, они могут усугубить его и без того сложное положение в классе. От скандалов толку не будет, поэтому мы должны не нападать

Мы должны быть однозначно на стороне ребенка. Ему надо видеть, что мы ничего и никого не боимся, что мы его поддерживаем, помогаем выстоять в сложный момент его жизни.

на провинившихся детей, а организовать серьезный разговор ответственных взрослых людей — педагогов и родителей. К такой встрече надо подготовиться, чтобы она получилась результативной. Здесь помогут наши собственные школьные воспоминания, наш жизненный опыт. И начинать надо не с претензий, не с наскоков, а с попытки прояснить, что происходит, почему и что делать, чтобы исправить ситуацию.

Часто говорят: «Если я вмешаюсь, ребенку начнут мстить. Будет только хуже». Но когда все замалчивается и окружено тайной, как раз и случается самое страшное.

В Европе отношение к травле более чем серьезное. С ней активно борются, проводят исследования, готовят рекомендации по профилактике и противостоянию буллингу. В школах Швеции существуют даже «антибуллинговые команды» из старшеклассников, готовых защищать учеников с первого по девятый класс от травли со стороны одноклассников. У нас в стране тоже начали вести активную работу по предотвращению травли в школах. В частности, благотворительный фонд «Галчонок» в сотрудничестве с приглашенными экспертами проводит просветительские мероприятия на тему буллинга. Существуют методические пособия и для взрослых, и для детей о том, как распознать травлю, как отличить ее от простого конфликта и что делать, если ты оказался жертвой или свидетелем травли.

Мы должны быть однозначно на стороне ребенка. Ему надо видеть, что мы ничего и никого не боимся, что мы его поддерживаем, помогаем выстоять в сложный момент его жизни. Мы обсуждаем с ним, как правильно себя вести, как отвечать, как сохранить свое достоинство, самоуважение. Можно научить ребенка некоторым «хитрым» приемам: не подавать виду, что обидные слова и насмешки его расстраивают; заниматься своим делом и не слышать обидчика; не ходить одному в те места, где над ним могут издеваться; не брать в школу соблазняющие «приманки» — деньги, вещи. Мы объясняем ребенку, что любому человеку, даже взрослому, было бы трудно с этим справиться, что травля — это массовое явление и его случай — не единственный, не уникальный. У него не должно сформироваться чувства вины, комплекса неудачника, заниженной самооценки, с которыми он потом пойдет в жизнь.

Когда речь заходит о травле, часто всплывает слово «виктимность» — предрасположенность к тому, чтобы быть жертвой. Если на ребенка наклеивается такой ярлык, то сразу снимается ответственность со всех участников конфликта: что толку сопротивляться, если ему так «на роду написано».

Но сопротивляться необходимо. Лучший способ защитить своего ребенка — постоянно быть с ним в контакте, разговаривать, оценивать его настроение и состояние, хвалить за то, что он не поддается на провокации и отстаивает свое «Я». Мы, взрослые, несем за него ответственность, и в этой стрессогенной, тяжелейшей для ребенка ситуации он должен быть ориентирован на нас, а не на ровесников. Опереться можно только на взрослого.

Если же мы видим, что ни другие родители, ни учителя, ни администрация не собираются пресекать травлю, остаются равнодушными к нашим проблемам и ничего не предпринимают, тогда мы принимаем кардинальное решение — переходим в другую школу.

Антибуллинг

Так стоило ли бороться? Безусловно, стоило!

Во-первых, мы привлекли внимание к проблеме — иногда этого достаточно, чтобы люди изменили свой взгляд на буллинг.

Во-вторых, ребенок видел, что мы не испугались, не спасовали, а пытались вместе с ним найти выход. Значит, на нас можно положиться, нам можно доверять, делиться с нами своими проблемами и переживаниями.

И в-третьих, есть шанс, что ребенок придет в новую школу более зрелым человеком, многое пережившим и понявшим, более подготовленным, более бдительным и уже знающим, что делать в случае повторения негативного сценария.

Важно помнить, что без вмешательства взрослых подобная ситуация сама по себе не разрешится, поэтому мы должны занять активную позицию и всегда спрашивать себя: «Действую ли я на стороне ребенка?», «Учу ли я его, как поступать в таких ситуациях?», «Даю ли я ему пример достойного поведения?». Если ответы «да», значит, мы все делаем правильно.

Как уберечь ребенка от суицида?

Мальчик покончил с собой, узнав о смерти рок-звезды — своего кумира. Двое влюбленных спрыгнули с крыши, держась за руки. Девочка наглоталась таблеток после ссоры с матерью. Зачастую это происходит не где-нибудь, не в виртуальном пространстве, а совсем рядом — в школе, где учатся наши дети, в соседнем доме, в семье знакомых. Что же происходит с нашими детьми и как уберечь их от попытки суицида?

Глубинные причины

Подростковых суицидов в России с каждым годом становится больше, причем, по статистике, среди детей из благополучных семей доля самоубийств выше. Это одна из самых тяжелых и болезненных для родителей тем. Множество случаев, о которых мы читаем в СМИ и слышим от знакомых, будоражат воображение и вызывают сильную тревогу. Родители даже думать об этом боятся, а уж тем более говорить. На выручку приходят устоявшиеся убеждения, которые успокаивают и приносят временное утешение: например, что суицид совершают только люди с психическими отклонениями. Или что у самоубийства всегда есть конкретная причина. Или что человек, открыто заявляющий о своем намерении покончить с собой, на самом деле такого не сделает. Но это всего лишь мифы. Если в поведении ребенка нас что-то настораживает, надо немедленно обращаться к специалисту.

Анализируя, что толкает детей на суицид, как правило, называют не причины, а поводы — очевидные, событийные, те, что лежат на поверхности: смерть близкого человека, изнасилование, незапланированная беременность, конфликты с родителями и в школе, несданный экзамен, неразделенная любовь. С причинами все гораздо сложнее. Я бы выделила три весомые причины: это кризис подросткового возраста, дефицит любви и внимания, отсутствие опыта фрустрации.

Кризис подросткового возраста

Американский психолог Стэнли Холл называл подростковый возраст «периодом бурь и натиска». Это один из самых острых и длительных жизненных кризисов. Стремительные перемены, происходящие с ребенком, обескураживают родителей, ставят в тупик, а порой просто приводят в отчаяние. Обычно мягкий, послушный, ласковый, он в одночасье становится абсолютно неуправляемым, необузданным, жестким, нетерпимым, превращается в «ходячий конфликт».

В его организме конфликтует «всё со всем» — и на физиологическом уровне, и на психологическом. Его кости, мышцы, сосуды, сердце растут неравномерно, как следствие — частые головокружения, слабость, перепады давления. Эндокринная система спорит с нервной, «гормоны играют», сексуальная энергия бьет через край. Настроение скачет — от слез к эйфории и обратно.

Стремясь доказать, что он уже взрослый, подросток намеренно обостряет противоречия, отстаивает свои права, свою независимость, не терпит, когда вторгаются в его личное пространство. Одним словом, он самоутверждается на каждом сантиметре и по любому поводу. Даже мельком брошенный взгляд на СМС в его телефоне может вызвать бурную затяжную ссору.

Подростки многого хотят, но пока мало что могут. Это время мощного эмоционального подъема, который сопровождается внутренней неустойчивостью, нарушением психологического равновесия — отсюда упрямство, негативизм, своеволие, протест, демонстративное непослушание.

Им свойственны ощущения беспомощности (ты не можешь контролировать жизнь, от тебя ничего не зависит), безнадежности (когда будущее не предвещает ничего хорошего), «скачущая» самооценка, закомплексованность. Все это вгоняет в депрессию, апатию, а агрессия и злость направляются уже не против других людей, а вовнутрь — против себя. Фантазии о смерти, мысли о самоубийстве тесно связаны у подростков с ощущением бессмысленности жизни, внутренней пустоты. Они часто чувствуют себя ненужными, потерянными, даже никчемными.

Пропадает ощущение удовольствия, радости, счастья, так необходимые каждому. Ничего не интересно: ни фильмы, ни игры, ни прогулки с друзьями. Нет энергии, жизненных сил для активных действий, нет желаний. Нет никаких внятных целей, ничего не увлекает.

Мотивация достижения отсутствует, «нечего больше хотеть», жизнь кажется пресной. Чтобы заполнить внутреннюю пустоту, ощутить радость, полноту жизни, повысить «градус удовольствия», нужен стимул — и посильнее! И тогда в ход идут гонки на машинах, «искусственные добавки» и «эмоциональные стимуляторы» — алкоголь и наркотики.

Некоторые режут себе руки, чтобы почувствовать боль, — только так они ощущают себя живыми. Все это зачастую заканчивается трагически.

Дефицит любви и внимания

Нам, родителям, трудно принять этого «нового» ребенка с его претензиями на взрослость, независимость, нарочитой грубостью, демонстративной неряшливостью. И в конце концов мы теряем самообладание, отвечаем агрессией, начинаем вести себя слишком жестко: «В комнате убрал? На кого ты похож? Чтобы в десять уже был в постели!» При этом нас тоже может кидать из крайности в крайность. Подросток угрожает уйти из дома, бросить школу — мы «сдаем назад», молча терпим какое-то время, а когда терпение лопается, обрушиваем на него полный набор воспитательных мер — все запреты скопом. Он отвечает новыми протестами, мы снова стараемся его не трогать — получается замкнутый круг.

Порой родители объявляют войну своим бьющимся за самостоятельность детям. Казалось бы, невинный на первый взгляд эпизод: мама почувствовала, что от ее 15-летней дочери после встречи с друзьями пахнет алкоголем. Она возмутилась, накричала на девочку и запретила неделю выходить из дома по вечерам: «Я сказала водителю, чтобы после уроков сразу привозил тебя домой, и чтобы из дома ни шагу!» На что дочь пригрозила: «Ты все равно меня не удержишь» — и после очередной безуспешной попытки сбежать выбросилась из окна.

Ребенку кажется, что им никто не интересуется, его никто не понимает, он будто «в кольце врагов», и обвиняет нас: «Вы меня не любите, и я вас ненавижу!» — но на самом деле он хочет убедиться в том,

Наша задача — успеть уловить и расшифровать сигнал SOS, пока ребенок не сделал последний шаг и «демонстративный» суицид не превратился в реальный.

что его любят независимо ни от чего — от результатов учебы, вызывающего поведения, от того, есть у него на лице прыщи или нет.

Вспоминается фильм Андрея Звягинцева «Нелюбовь», в котором мальчик ушел из дома. Но родители обнаружили это только на вторые сутки, потому что папа жил отдельно, а мама и ребенок не пересекались физически. Мама приходила поздно, даже не заглядывала в комнату сына, уверенная, что он уже спит, а утром просыпалась к полудню, когда мальчик уже должен быть в школе, и погружалась в свои дела.

Мы редко задумываемся о том, что происходит с нашим ребенком, чем вызваны эти жуткие перепады настроения, и, что самое печальное, не принимаем всерьез проблемы, волнующие наших детей, обесцениваем их. Сыну объявили бойкот в школе? — «Не переживай, будут у тебя еще друзья». Мальчик, который нравится дочери, ушел к другой девочке? — «Да еще сто раз влюбишься, вся жизнь впереди». Нам даже в голову не приходит, что «вся эта ерунда» ребенку кажется концом света.

Отсутствие опыта фрустрации

Эта проблема особенно остро стоит в благополучных семьях — здесь дети растут как тепличные растения. У состоятельных родителей есть все возможности защитить ребенка от житейских бурь — неприятных ситуаций, грубости, несправедливости или насилия. Мы целенаправленно создаем для детей максимально комфортную, бесконфликтную среду, причем зачастую — увы! — в атмосфере вседозволенности и полной безнаказанности. Раньше говорили: «Жизнь научит, закалит характер». Но у благополучных детей практически нет возможности учиться жизни и закаляться, им не приходится ждать, терпеть, преодолевать, добиваться. Мы отслеживаем каждый их шаг, пытаемся все за них предусмотреть. В результате дети не готовы к реальной жизни, к неприятным сюрпризам и разочарованиям, у них отсутствуют навыки саморегуляции, конструктивные способы совладать со стрессом, и потому они крайне болезненно переживают любую неудачу, отказ, запрет, ограничение, возводя это в ранг настоящей трагедии.

По статистике, мысли о суициде возникают у каждого пятого подростка. Но ведь не каждый пятый покончил жизнь самоубийством. Большинство подростков умереть не хотят, они просто не в силах справиться с тем, что приносит им эмоциональную и физическую боль. Подчас суицид кажется им единственным выходом, решением всех проблем, спасением от позора, унижения, наказания, отчаяния, одиночества и разочарования — всего того, что составляет жизнь не в самых лучших ее проявлениях.

Сигналы SOS

Попытка суицида — это прежде всего крик о помощи. Дети пытаются нас предупредить, чтобы мы успели их спасти. Один оставит упаковку таблеток на видном месте, чтобы она попалась на глаза взрослым, другой напишет сообщение настораживающего содержания, позвонит по телефону, сделает запись в соцсетях. Зачастую попытка самоубийства — это желание наказать нас, взрослых, чтобы мы раскаялись в своих поступках. Планируя «умереть не до конца», дети уверены, что могут все рассчитать, но часто плохо прогнозируют последствия.

Наша задача — успеть уловить и расшифровать сигнал SOS, пока ребенок не сделал последний шаг и «демонстративный» суицид не превратился в реальный. Поэтому, вместо того чтобы хвататься за голову от его выходок, кричать, злиться, затыкать уши и зажмуривать глаза, надо собраться и стать обостренно внимательными — иначе мы не услышим сигналы, которые ребенок подсознательно нам посылает. Что должно нас насторожить?

Разговоры о смерти

Ребенок то и дело угрожает покончить с собой: «Меня скоро не будет», «Мне все надоело, лучше умереть». Или размещает предупреждения в интернете — послания, фотографии. Или обвешивает стены комнаты портретами популярного музыканта, покончившего жизнь самоубийством или погибшего молодым от передозировки наркотиков, и в разговорах постоянно возвращается к этому событию.

Резкие изменения в поведении

Ребенок всегда хорошо ел, но вдруг перестает есть; хорошо спал, теперь не спит; не пропускал школу, теперь прогуливает; был домосед, теперь убегает из дома. Всегда обращал внимание на свой внешний вид и вдруг махнул на себя рукой или, наоборот, стал прихорашиваться: «Пусть меня запомнят таким». Или неожиданно начинает приводить в порядок все свои дела, раздает ценные вещи, выражает благодарность людям, когда-то оказавшим ему помощь. Всегда общительный, вдруг уходит от контактов с семьей и друзьями.

Ребенок может оказаться втянутым в так называемые группы смерти в соцсетях или иные сомнительные интернет-сообщества. Родители замечают, что он постоянно с кем-то чатится в телефоне, не реагируя на окружающих, а потом срывается с места и куда-то бежит, возвращается взбудораженным, в перепачканной и рваной одежде.

Суицидальная попытка в прошлом

Зачастую дети совершают суицид со второго раза, поэтому очень важно не пропустить и правильно квалифицировать первую попытку — скажем, у одного странные порезы на руке, а другой проспал целый день, наглотавшись каких-то таблеток. По статистике, чаще всего дети совершают повторную попытку на 100–120-й день — значит, в течение года нужно быть максимально бдительными.

Случаи суицида в окружении подростка или информация о самоубийствах в СМИ

По статистике, 90% совершивших суицид знали тех, кто или пытался покончить, или покончил собой. Если кто-то в школе или ребенок наших друзей предпринял попытку суицида, нужно быть очень внимательными к своим детям.

Резонансные самоубийства тоже могут привлекать внимание подростков. Например, после того как в 1987 году в Нью-Джерси самоубийством покончили жизнь четверо подростков, десятки последовали их примеру: 12 из них погибли, причем двое — в том же гараже.

Саморазрушение

Оказавшись в автомобиле, ребенок постоянно подначивает водителя, уговаривает прибавить скорость. Риск попасть в аварию его не пугает, скорее, наоборот, заводит. Он начинает пить, принимать наркотики, смешивать вещества и алкоголь. Участвует в драках, опасных конфликтах. Под воздействием стимуляторов воспринимает реальность искаженно, теряет контроль над собственными действиями.

Конечно, родителям не стоит превращаться в параноиков, но знаками такого рода лучше не пренебрегать. Они тревожны сами по себе и говорят о глубоком внутреннем разладе в душе ребенка.

Перейти минное поле

Что делать, если мы заметили эти сигналы? Конкретного и универсального совета здесь нет и быть не может. В каждом случае нужно действовать в зависимости от ситуации, отношений с ребенком и быть очень осторожными. Часто слышишь: «читайте дневники своих детей, контролируйте их соцсети», но многие подростки воспринимают это как грубое нарушение границ. Так можно вовсе потерять контакт с ребенком. Если мы встревожены, попробуем аккуратно с ним поговорить. Если у нас есть сомнения, можно обратиться за советом к специалисту.

Наша стратегия должна базироваться на «трех золотых правилах» — это любовь, границы и свобода. У подростка особенно ярко выражены потребности в том, чтобы любить, быть любимым и ощущать себя частью чего-то большего, чем он сам.

Можно выделить три весомые причины суицидального поведения: это кризис подросткового возраста, дефицит любви и внимания, отсутствие опыта фрустрации.

Мы должны окружить его любовью и вниманием. Но это не значит, что надо перестать его воспитывать, предоставить полную свободу и ничего от него не требовать. Очерчивая границы, мы учим ребенка ориентироваться в жизни, правильно себя вести в тех или иных ситуациях. А в периметре установленных границ даем свободу: не цепляемся к тому, почистил он сегодня зубы или нет, в какой цвет покрасил волосы и что на себя надел. Если это не опасно для жизни, значит, допустимо.

При этом нужно знать, чем живет ребенок, как живет, особенно внимательно отнестись к тому, насколько он доволен своими отношениями с друзьями, своей личной жизнью, что у него происходит на разных «фронтах», что из этого его по-настоящему беспокоит, а что не очень.

Конечно, в группе риска в первую очередь более чувствительные и ранимые дети, поэтому задача родителей, давая детям свободу, формировать и укреплять «Я» ребенка, помогать развивать автономию, осознавать свои возможности, свои чувства, свою ответственность. И не игнорировать, не замалчивать тему суицида, а, напротив, говорить о том, что смерь — плохой способ решения проблем.

Переходный возраст не отменить, не перескочить, это испытание для всех — и для детей, и для родителей. Наша задача — создать такую обстановку, чтобы пройти этот период гладко, достойно и без потерь. Мы можем не соглашаться с ребенком, спорить, ограничивать, наказывать его, но он должен знать, что дорог нам независимо ни от чего — просто потому, что он наш ребенок и что первые, к кому он может обратиться в кризисный момент, — это мы, его семья. Мы всегда рядом.

Как помочь ребенку в конфликте с учителем

Отца 15-летнего мальчика вызвали к директору школы: сын нагрубил учительнице в ответ на ее замечание. Отец считает, что у мальчика обостренное чувство собственного достоинства, к тому же он импульсивен, как все мальчишки в его возрасте, не готов промолчать, перетерпеть и в результате может сорваться. Это уже не первая его стычка с учителями: предыдущая закончилась переводом в другую школу. Вот и теперь отцу не хочется устраивать разбирательство, выяснять, кто что сказал, оправдываться, извиняться или, наоборот, обвинять. И он решил, что лучше в очередной раз забрать документы и подыскать для сына приличную школу с адекватным педагогически составом.

Смена приоритетов

Подростковый возраст — зона турбулентности. Все, кто окружает подростка, оказываются с ним «в одном самолете», поэтому «трясет» всех. Это время, когда меняются приоритеты, представления о главном и второстепенном, рушится вся прежняя система координат. На первый план выходит борьба за собственное «Я». И в этой борьбе подросток низвергает, «обнуляет» авторитет тех, кто совсем недавно был важной фигурой в его жизни, — родителей и учителей. У него больше нет потребности всеми силами завоевывать их симпатию и делать то, что они говорят. Теперь для него значимы прежде всего сверстники, одноклассники. И, конечно, он не готов терпеть, когда его унижают.

Сейчас ему (или ей) важно занять место в своем коллективе, а возможно, и произвести впечатление на какую-нибудь девочку (или мальчика): в этом возрасте очень многое замешано на взаимоотношениях с ровесниками. Подросток готов доказывать свою независимость и взрослость любыми способами, даже не слишком «легитимными»: откровенным хамством, бравадой, демонстративным неподчинением старшим. В первую очередь он точит коготки об родителей, но такое же поведение может проявляться и в отношениях с учителями.

Надо признать, что и учителя не всегда являются авторитетом для учеников, образцом воспитания, выдержки и самообладания. Зачастую они плохо понимают, чем живут современные подростки, не учитывают особенности их возраста. Не все учителя хорошо знают свой предмет, и подростки усматривают в этом проявление отсталости и даже тупости. Встречаются среди учителей и те, кто намеренно провоцирует, унижает детей. Педагоги тоже могут быть не правы, поэтому однозначно занимать их сторону, возводить на пьедестал не стоит, так же как и нападать на них и обвинять, не разобравшись, тем более что работу с целым классом подростков легкой не назовешь.

Когда возникает подобного рода конфликт, одни родители идут по пути наименьшего сопротивления — стараются вообще не связываться с учителями и школой. Им проще перевести ребенка в другое учебное заведение, чем пытаться разрулить конфликт, а там, глядишь, он все свои проблемы и трудности попросту «перерастет». Другие требуют наказать учителя, иногда даже уволить его. Третьи, наоборот, занимают сторону педагога, начинают воевать с ребенком, кричат на него, ругают, что осложняет отношения на долгие годы.

Конструктивный подход

Так что же делать родителям, как себя вести? Прежде всего надо понять, что произошло. Серьезный, обстоятельный разговор с ребенком — без обвинений, криков, без оценок и назиданий — просто необходим.

Настроиться на одну волну

В разговоре с ребенком, конечно же, должна прозвучать та эмоция, которая его переполняет, — возмущение, обида: «Я тебя понимаю, ты сильно обиделся, разозлился. Давай поговорим». Имеет ли он право испытывать такие эмоции? Конечно, имеет. Мы показываем, что понимаем его чувства, не отрицаем, не отвергаем, не стараемся их гасить. Мы пытаемся вникнуть в ситуацию, а значит, задаем вопросы и внимательно слушаем.

Искать выход из положения

Нам надо прояснить, как сам ребенок оценивает случившееся. Не стоит твердить: «Ты должен, ты обязан...» Лучше сказать: «Давай подумаем, как разрулить ситуацию и больше в нее не попадать». Если ребенок нагрубил учителю и понимает, что сорвался, он должен извиниться. Это потребует сил, решимости, и нужно подумать, как это лучше сделать. Например, он может сказать: «Я вел себя несдержанно в прошлый раз, прошу меня извинить, такого больше не повторится. Но я буквально завелся от того, в какой форме вы мне сделали замечание, да еще перед всем классом».

Учить вести себя достойно

Прав учитель или не прав, это не повод вести себя неуважительно по отношению к нему. В то же время ребенок должен уметь отстоять себя, показать, что у него есть чувство собственного достоинства, что никому не позволено обращаться с ним пренебрежительно, даже взрослым людям, даже учителям. Как это сделать, должны подсказать ему мы — обсудить, вместе найти нужные слова, которые ребенок сможет произнести в ответ. Пусть он «порепетирует», произнесет их вслух.

Стать примером

Стоит вспомнить, как мы сами действуем в подобных случаях, и рассказать историю из своей жизни, когда мы слишком резко и грубо отреагировали на чьи-то слова, а потом пожалели об этом: «Я вот тоже когда-то повел себя не лучшим образом. Сейчас понимаю, что был не прав. Распускаться нельзя ни при каких обстоятельствах». А потом привести другой пример, когда мы смогли высказать все, что думали, без оскорблений, дать отпор, но при этом «сохранить лицо».

Должны ли мы быть на стороне ребенка? Да, безусловно. Конечно, мы не оправдываем любые его действия, но ребенок должен чувствовать: как бы

Школа — это не только знания. Ребенку надо научиться конфликтовать и налаживать отношения, выходить победителем и достойно принимать поражения. Это важнее, чем высокий балл по ЕГЭ.

ни сложились обстоятельства, чего бы он ни сделал ужасного, есть близкие люди, которые ему всегда помогут.

Крайняя мера

Некоторые родители чуть что — переводят ребенка в другую школу. Они вообще не считают это проблемой: «Ну, опять не повезло». Это особенно характерно для людей состоятельных, которые могут позволить себе платное образование — в России или где-нибудь за рубежом.

Да, возможно, не все учителя нас устраивают и одноклассники не все умные и воспитанные. Но кто сказал, что нашему ребенку придется общаться в жизни только с дружески настроенными людьми и что к нему всегда и везде будет какое-то особое отношение? И, может, дело не в одноклассниках и учителях, а в самом ребенке, которому не хватает простейших навыков коммуникации и умения находить общий язык с разными людьми? Сегодня дети чувствуют и ведут себя довольно свободно, но это не значит, что им все позволено. Чтобы ребенок уважал учителей, их должны уважать мы, родители, тогда дети будут брать с нас пример.

Школа — это не только знания, это подготовка к жизни. Можно ведь просто нанять домашних учителей, подготовиться к ЕГЭ, сдать его и вообще в школу не ходить. Но, на мой взгляд, это не вариант: ребенку надо научиться и конфликтовать, и налаживать отношения, и выходить победителем, и достойно принимать поражения. Все эти навыки, может быть, более важны для его будущей жизни, чем высокий балл по ЕГЭ.

Смену школы нужно воспринимать как крайнюю меру. Для ребенка это стресс, ведь меняется все: обстановка, маршрут, расписание, люди, атмосфера, ритм жизни. Придется быстро адаптироваться, привыкать к новым условиям, заново налаживать отношения с учителями и одноклассниками. Зачастую все это проходит очень болезненно, а главное — никто не даст гарантии, что в новой школе ребенку действительно будет лучше.

Конечно, бывают ситуации, когда надо просто хватать детей в охапку и сломя голову бежать из школы. Когда моя семилетняя дочка заканчивала нулевой класс, она вдруг стала ходить на занятия с большой неохотой. Я спросила у учительницы, что та думает по этому поводу. В ответ она вывалила на меня кучу негатива: мол, моя дочь ведет себя плохо, соображает туго, одета небрежно, невежлива. Тогда я спросила: «А что-то хорошее есть?» Ответ был категоричен: «Ничего. Ничего положительного. Вы сделали выводы?» Да, я сделала выводы — и перевела дочь в новую школу, где все быстро наладилось.

Зато в другом случае, со старшим сыном, когда он учился в 8-м классе и у него произошел конфликт с учителем физики, я поступила иначе. Меня вызвали в школу, но я не пошла. Мы с сыном обсудили эту ситуацию и решили, что он сам должен нести ответственность за свою несдержанность. Он смог разрулить этот конфликт, и менять школу нам не пришлось.

Иногда надо просто одернуть ребенка, чтобы он «увидел берега», отучить его хамить — педагогам, старшим, людям вообще. А бывает, нужно однозначно выступить на его стороне и защитить, помочь ему дать отпор несправедливым наездам или унижению со стороны взрослых.

Школьные конфликты, в том числе с учителями, были, есть и будут — от этого никуда не уйти. Другое дело, что ребенок, особенно подросткового возраста, сможет вынести из неприятного инцидента, какие сделать выводы, что понять, чему научиться. Во многих случаях, вместо того чтобы драматизировать, нагнетать страсти, искать новую школу, стоит попытаться использовать эту ситуацию как своеобразный тренинг личностного роста, который поможет ребенку научиться выстраивать отношения с людьми, почувствовать себя увереннее, а значит, перейти на следующую ступень взросления.

Что делать, если взрослый ребенок ничего не хочет

Сыну успешного предпринимателя 24 года. Он окончил хороший вуз, и отец надеялся, что он начнет работать в его холдинге, ведь мальчик подавал большие надежды и в школе, и в институте. Он занимался музыкой, увлекался спортом, знает несколько языков. Теперь он дипломированный специалист, но реально ничем не занят: работать у отца ему неинтересно, он целыми днями пропадает в фитнес-клубах, на тусовках или просиживает за компьютером. Родителям до слез обидно видеть, что их ребенок превратился, как раньше говорили, в тунеядца.

Примета времени

Многие родители мечтают приобщить детей к своему бизнесу или престижной профессии, но вот проблема — дети, у которых, казалось бы, есть все, чтобы быть активными и успешными, ничего не хотят. На их воспитание потрачено много сил и средств, а они маются как неприкаянные.

У этой проблемы есть название, если хотите — диагноз: инфантилизм. Он был болезнью XX века и перекочевал в XXI век. Карл Густав Юнг называл современную ему эпоху «безмерно разросшимся и раздувшимся детским садом». Я считаю, что наше время можно назвать безмерно разросшимися и раздувшимися детскими яслями. Инфантильность только усилилась, обострилась, приобрела более четкие очертания.

Слово «инфантильность» звучит красиво — инфантами называли королевских детей. Но за этим красивым словом кроется неумение принимать самостоятельные решения, брать ответственность за себя и других, эгоизм, наивность, уход от реальности. Взрослый по паспорту «королевский ребенок» сохраняет детские ценности и установки. Он в основном занят удовлетворением собственных желаний — в тепле, комфорте, удовольствиях, развлечениях. Казалось бы, что в этом плохого? Зрелые люди тоже любят вкусно поесть, выпить хорошего вина, послушать музыку, поболтать с друзьями, посидеть в интернете, поваляться на диване. Но у них это занимает только часть времени, это их досуг. А для нашего взрослого ребенка это становится основным содержанием жизни, благо современная цивилизация предоставляет огромное количество вариантов развлечений, помогающих избежать самого страшного для инфантильного человека — скуки. Досуг сегодня может быть таким насыщенным, что заменяет собой целенаправленную и полезную деятельность. И, что самое печальное, активность инфантильных людей направлена только «вовнутрь» — на получение удовольствия, но нет ничего «вовне» — для других, даже для близких.

Когда такой человек чем-то увлекается, он может вспыхнуть ярко, как бенгальский огонь, но его воодушевление так же быстро прогорает, оставляя «обугленную палочку». И в очередной раз мы слышим: «Опять не повезло». Такие были грандиозные планы, но кто-то помешал, что-то не сложилось,

Почему дети вырастают инфантильными? Главная причина — родительская гиперопека, чрезмерная забота и желание подстраховать.

и большой ребенок возвращается к привычной комфортной жизни, которую обеспечивают ему родители.

Инфантилизм — это личностная незрелость. Инфантильный человек постоянно твердит: «Не лезьте в мою жизнь. Я уже взрослый. Я могу жить как хочу». Это правда, он уже не ребенок, но по-прежнему очень зависим от других и материально, и эмоционально. Он не умеет планировать, у него нет привычки ответственно вести повседневные дела. В социальном отношении он безволен и беспомощен.

Одна моя клиентка поручила взрослому сыну руководить ремонтом загородного дома. Он с азартом за это взялся. И что? По ночам он, как и прежде, разъезжал с друзьями по клубам, развлекался, возвращался под утро, а когда, отоспавшись, был готов заниматься строителями, те уже уходили. Он возмущался и никак не мог взять в толк, что они начинают работать ровно в 7 утра, а к 16 часам их рабочий день уже заканчивается.

Со стороны кажется, что такой образ жизни взрослого ребенка вполне устраивает и он не собирается ничего менять. Но в глубине души у него наверняка остается неудовлетворенность от нереализованных планов, несбывшихся мечтаний. Часто она становится причиной депрессий и даже суицидальных мыслей.

Корни инфантильности

Почему дети вырастают инфантильными? Главная причина — родительская гиперопека, чрезмерная забота и желание подстраховать. Даже если мы не проводили с ребенком много времени, мы все равно беспокоились о нем, думали, как защитить, когда не было никакой реальной опасности, и чем занять, чтобы он ни в коем случае не заскучал. Ему не приходилось решать проблемы, преодолевать трудности: как только они возникали, к нему тут же спешили на помощь. Поэтому он не способен мобилизоваться в сложных ситуациях — он знает, что родители все утрясут и устроят.

По сути, гиперопека формирует у ребенка состояние «выученной беспомощности». Зачастую ребенку даже не дают пройти кризис подросткового возраста: отделиться от родителей, утвердить свое «Я», сформировать собственную систему ценностей.

Важную роль играет и фигура успешного родителя. Если ребенок идет по его стопам, он автоматически обрекает себя на вторую роль. Его постоянно будут сравнивать с папой или мамой — мол, «природа на детях отдыхает». И ему придется или смириться, покорно принять эту роль, или взбунтоваться.

Задача соответствовать родительским ожиданиям не заставит ребенка «встать с дивана». Он понимает, сколько в него вложили, и понимает, что от него ждут отдачи. И это его пугает: он боится не справиться, оказаться неудачником. Поэтому ему трудно начать самостоятельную жизнь — уж лучше ничего не делать, чем сделать и потерпеть фиаско. И в этом тоже кроются корни инфантильности.

Хочу — могу — надо

Так что же делать? Универсальных рецептов взросления не существует. В каждом отдельном случае придется искать свой вариант решения проблемы.

Но примерный алгоритм действий может выглядеть так: мы анализируем, чего ребенок хочет, что может, наделяем его обязанностями и вводим ограничения.

Хочу

Сразу оговоримся: чего точно не стоит делать, так это постоянно требовать и давить — ответом станет усиление «борьбы за свободу». Поэтому, как ни банально это звучит, нужно поговорить с ребенком — серьезно, по-настоящему, с искренним интересом — и выяснить, чего он все-таки хочет. Обычно мне возражают: «Да мы уже сто раз это делали. Всё пустые разговоры». Но единственный путь к достижению взаимопонимания — договариваться. Надо признать, что наш ребенок вырос и имеет право на свое мнение и собственные решения, и дать ему возможность высказать вслух свои желания, не критикуя, не оспаривая их, не ставя в пример других, «хороших» детей.

Личность может развиваться только в деятельности, основанной на собственных желаниях и интересах, а не на том, что навязывается нам извне. Это психологический закон.

Дети часто говорят: «Семейное дело — это скучно. Хочется чего-то творческого». Многие из моих клиентов рассказывают о желании своих детей снимать клипы, стать продюсерами, креативными директорами, открыть галерею современного искусства. А почему дети хотят «чего-то творческого»? Да потому, что им это хорошо знакомо. Чем они занимались, пока учились в школе? Рисованием, музыкой, танцами, дизайном, актерским мастерством. Родители сами старались развить в них стремление к творчеству. Это та

Личность может развиваться только в деятельности, основанной на собственных желаниях и интересах, а не на том, что навязывается извне.

территория, где они чувствуют себя уверенно и могут избежать сравнений с успешным папой. Но раз так, то, может быть, стоит попробовать начать именно с этой, знакомой площадки? Небольшой проект, доведенный до конца, неплох для старта в деловой жизни. Это может быть, например, создание event-агентства. Пусть ребенок организует несколько мероприятий — это полезный опыт. Позднее можно передать дела партнеру. Но родители часто видят в подобных начинаниях лишь тягу к развлечениям, и все заканчивается взаимными упреками.

Могу

Надо помочь ребенку ответить и на другой важный вопрос — «что я МОГУ?». Он учился в хорошей школе, приобретал знания, умения и навыки, многие из которых «припорошены», подзабыты и никак не используются в реальной жизни. Значит, надо помочь ему осознать собственные возможности.

В поиске своих сильных сторон можно попробовать использовать инструменты и техники практических психологов для развития самосознания. Например, метод незавершенных предложений — попросить ребенка дать пять вариантов окончания следующих фраз: «Больше всего мне нравится...», «Я получаю истинное удовлетворение, когда...», «Я горжусь собой, когда...», «У меня хорошо получается...». Или, наоборот, дать пять контраргументов на убеждения, стоящие за нежеланием заниматься семейным бизнесом: «Денег и так хватит на меня, моих детей и внуков», «Я все равно не смогу добиться высокого положения».

Когда мы соединим «Я ХОЧУ» и «Я МОГУ» ребенка, он почувствует, что многое из того, что мы ему дали, очень ценно. Если возможностей (Я МОГУ) пока недостаточно, чтобы получить желаемое (Я ХОЧУ), значит, можно уже целенаправленно добирать то, чего не хватает. И здесь не обойтись без НАДО.

Надо

Если мы в детстве не научили ребенка выполнять не всегда приятные, рутинные задания (то есть делать то, что необходимо, даже когда это не приносит никакого удовольствия), придется учить этому сейчас. Лучше начинать с малого — поручать конкретные дела, которые он точно сможет довести до конца и за которые он должен нести ответственность: например, забрать вещи из химчистки, сделать предзаказ в ресторане для семейного ужина, отвезти кота в ветеринарную клинику и купить необходимые лекарства.

Для обучения самоорганизации есть очень удобный инструмент — SCRUM-доска. Она состоит из колонок: «Бэклог» (идеи, которые когда-либо будут воплощены в жизнь), «Надо» (конкретные задачи на неделю), «Делать» (задачи на день) и «Сделано» (наши успехи). По этим колонкам гибко перемещаются клейкие или магнитные стикеры, на которых записаны задачи. Этот метод помогает избежать прокрастинации, формирует ответственность за принятие решений, за выбор задач. И нам не придется постоянно нависать над ребенком, контролируя все его дела.

Важно ограничивать детей в деньгах, потому что развитие возможно только в ситуации ограничения. Многие скажут: почему бы просто не перестать давать ребенку деньги: он уже взрослый, имеет профессию, здоровый, сильный и способен обеспечивать себя сам. Но я считаю такие советы бесполезными и даже жестокими. Почему? Во-первых, «всерьез и надолго» на это никто не пойдет. Даже в семьях со скромным достатком родители стараются своего ребенка поддержать, обеспечить питанием, крышей над головой. А во-вторых, мы растили его в тепличных условиях, и он не готов к другой жизни, поэтому выпускать его сразу «на волю» просто опасно. Если мы совсем лишим его денег, то ничего, кроме бунта и разрушения отношений, не добьемся. Но практику «захотел — взял» необходимо прекратить: ограничить сумму, четко обговорив, сколько денег и когда мы будем ему давать. Если обеспечивать ребенка, никак при этом не ограничивая, ему вообще незачем шевелиться, он не будет стремиться к самостоятельности.

Ограничения и обязанности помогут побороть инфантилизм и подтолкнуть ребенка к развитию. При этом мы должны его поддерживать, а не принуждать, ведь заставить взрослого человека делать что-то, чего он не хочет и не может, практически невозможно.

Чтобы что-то поменять в жизни своего взрослого ребенка, необходимо использовать его внутреннюю неудовлетворенность ситуацией, которая, конечно же, у него есть. ХОЧУ — МОГУ — НАДО — это та триада, на которую мы должны опираться. Она динамична, меняется со временем, но нам, родителям, нужно держать ее в голове, обсуждать и стараться практически реализовывать. Это трудно, потребует огромных усилий, но если у нас это получится, мы компенсируем то, чего не сделали для нашего ребенка раньше.

Зачем ребенку отец

Молодая женщина год назад развелась с мужем и теперь живет вдвоем с восьмилетним сыном. У мужа другая семья, но он обеспечивает и бывшую жену, и ребенка. Правда, с мальчиком практически не видится — в лучшем случае заскочит ненадолго раз в неделю. Мама на него обижена: он ушел к другой, не уделяет им с сыном внимания, в редкие встречи настраивает против матери. Она хочет, чтобы отец «наконец-то начал заниматься сыном по-настоящему», постоянно предъявляет бывшему мужу претензии, обсуждает ситуацию с подругами. Мальчик слышит, как мать в разговоре с подругой называет отца подлецом, эгоистом, рассказывает, что он сейчас «с этой», что «она его дурит, манипулирует им». И однажды сын заявил, что больше не хочет такого отца видеть. Но мама настаивает на встречах: она считает, что «безотцовщина» — это страшно, что ребенку, а тем более мальчику, непременно нужен отец.

Мужское и женское

На протяжении столетий за отцом и матерью в семье были закреплены определенные роли. Мать — это безусловная любовь, принятие, забота, дом, тепло. Она олицетворяет собой детство, уютный мир, где исполняются желания, где всегда придут тебе на помощь, ничего не требуя взамен. Функция отца в большой степени социализирующая. Его любовь условна, он хочет видеть результаты, побуждает добиваться, рисковать. Он представитель взрослого мира, где есть успехи и неудачи. Он учит ребенка находить свою дорогу в жизни, задает нормы и правила — а значит, оценивает, требует, направляет. Отец определяет, что можно, а чего нельзя, как надо и как не надо, как хорошо, а как плохо. Отец — символ власти, воплощение силы, «проводник» во внешний мир. Он авторитет, пример для подражания. А еще защитник, воплощение безопасности.

Как показывают исследования, личность отца важна и для становления представлений детей о мужественности и женственности. Отец играет бóльшую, чем мать, роль в формировании маскулинности у мальчиков и феминности у девочек. Чем мужественнее отец, тем более женственной будет девочка и более мужественным мальчик. Отец восхищается, гордится дочерью и в то же время ограничивает, критикует сына за проявление «немужских» качеств.

Мать и отец даже общаются с ребенком по-разному, играют с ним в разные игры. Материнские — спокойные, осторожные, отцовские — более агрессивные, рискованные. Они расширяют границы, дают новый опыт, это тоже необходимо детям для развития.

Сегодня все больше детей растут в неполных семьях. Что делают многие мамы после развода? Они фактически вычеркивают отца из жизни ребенка. Возможно, на то есть весомые причины. Но, обесценивая отца, мать оставляет ребенка без значимой мужской фигуры, так необходимой ему в период взросления.

Стремясь компенсировать отсутствие отца, мамы часто полностью берут на себя мужские функции («А что остается?»), проявляют строгость, предъявляют требования, следуют в основном жесткой стра-

Образ отца всегда присутствует в сознании ребенка, даже если его нет рядом. А вот каким будет этот образ, во многом зависит от матери.

тегии воспитания. Для женщины все это тяжело, болезненно, не всегда органично. Но главное — безуспешно пытаясь выполнять отцовские функции, мать недодает ребенку то, что он должен получать от нее. Выходит, что дети теряют не только отца, но и мать.

Реальность и идеал

Хотим мы того или нет, образ отца всегда присутствует в сознании ребенка, даже если его нет рядом. А вот каким будет этот образ, во многом зависит от матери. Поэтому на ней лежит большая ответственность — создание образа отца, пусть даже слегка приукрашенного, «подретушированного», но понятного ребенку, который стал бы для него «маяком», ориентиром, примером, мотивирующим на достижения, на поступки, который поддерживал бы его в жизни.

Бараку Обаме было два года, когда он перестал видеться с отцом. Он рассказывал одноклассникам, что его дед — вождь, глава рода, как у индейцев, а папа — принц. Через восемь лет отец прилетел с другого континента повидаться с сыном. Встреча была очень недолгой. Мальчик увидел, что отец совершенно не похож на человека, которого он представлял себе по рассказам матери. Тем не менее ему удалось сохранить для себя возвышенный образ отца — блестящего выпускника Гарварда, великодушного друга, честного политика. Возможно, во многом благодаря этому Барак Обама тоже стал «вождем» — президентом США.

Конечно, не стоит создавать «безупречный» образ: ребенок должен воспринимать отца как живо-

Мы не можем кардинально изменить другого человека, но можем поменять собственное поведение — и это неизбежно повлияет на отношение отца к нам и к ребенку.

го человека со своими слабостями и, как говорят психологи, теневыми сторонами. Иначе для ребенка стремление к этому «идеалу» станет непосильной ношей, особенно если отца все время будут ставить ему в пример и даже упрекать, что он до него «недотягивает». Но еще хуже, если мама подмечает в сыне какие-то негативные качества и связывает их с отцом и ребенок слышит упреки: «Весь в отца! Такой же лентяй, грубиян, врун, хвастун».

Образ отца, который складывается у ребенка, не всегда должен точно соответствовать «оригиналу». Например, мама рассказывает сыну, каким достойным и интересным человеком был его отец. Важно говорить только правду, но не обязательно всю. Не стоит эмоционально подчеркивать негативные стороны его характера и подмешивать в рассказы собственные обиды и воспоминания о конфликтах. Ведь было же в отношениях родителей и много хорошего, об этом и нужно рассказать сыну или дочери. Надо бережно относиться к ребенку, понимая, что он нуждается и в маме, и в папе. Ребенок не должен в «междоусобных войнах» между родителями принимать чью-то сторону. Иначе он окажется в состоянии жестокого конфликта, ведь даже генетически одна его половина мамина, а вторая папина. Принимая чью-то сторону, он отказывается от части себя, предает ее.

Иногда мамы задают мне вопрос: «Что отвечать ребенку, когда он спрашивает, почему мы живем без папы?» Предложите ему посмотреть на семьи друзей, знакомых, одноклассников, и он увидит много разных вариантов: мама, папа и дочь; бабушка, мама и сын; папа и двое детей; женщина и две собаки; папа, бабушка, ребенок и кот. Ребенку можно так и сказать: «Ты же видишь, все семьи разные.

У нас вот такая». Главное — помочь ему адаптироваться к новым условиям: у него должно сохраниться ощущение стабильности, нормальности происходящего, того, что его детская жизнь будет идти своим чередом. В целом дети быстро привыкают к переменам.

Одна команда

Значение отца для воспитания ребенка невозможно переоценить. Поэтому даже если отец приезжает раз в неделю, не надо с ним ругаться и бороться. Развод, расставание — трудная ситуация, по уровню стресса она сравнима с потерей близкого человека. Но очень важно и в этой ситуации вести себя достойно и не терять человеческий облик.

Да, мы не можем кардинально изменить другого человека, но можем поменять собственное поведение — и это неизбежно повлияет на отношение отца к нам и к ребенку. Мы должны целенаправленно создавать такую атмосферу, чтобы папе хотелось приходить в наш дом. С точки зрения долгосрочных целей воспитания имеет смысл сотрудничать с ним, поднимать его авторитет в глазах ребенка, заручиться его поддержкой, чтобы можно было действовать и от его имени: вводить правила и запреты, сообщать о принятых решениях («Я обсужу это с твоим папой»), привлекать его мнение («Папе тоже нравится, когда ты так выглядишь»). Тогда обоим родителям будет проще выполнять свои функции.

Решив задачу по созданию позитивного, привлекательного образа отца, можно повлиять на ребенка, как это сделала мать Обамы: он стремился к этому образу, он идентифицировал себя с ним, брал с него пример, чувствовал, как надо поступать и как не надо.

И образ отца, и образ матери играют огромную роль в развитии ребенка, но определяющими являются отношения между отцом и матерью — об этом пишут и говорят многие специалисты. Даже если отец не живет в семье постоянно, она должна оставаться психологически здоровой средой, чтобы ребенок чувствовал: в его жизни есть две надежные фигуры, два крыла, которые дадут ему возможность взлететь и уверенно парить, — любящие его мать и отец.

Почему вредно дружить с детьми

Ко мне за консультацией обратилась одинокая мама десятилетнего мальчика. Они с сыном настоящие друзья, она привыкла считаться с его мнением. Около года назад она начала встречаться с мужчиной и теперь постоянно обсуждает с сыном перипетии своих новых отношений, перспективы нового замужества. Но мальчик считает, что мамин избранник ей «не подходит». Бедная женщина разрывается между сыном и любимым человеком и не знает, как ей поступить.

Выгодное равенство

Дружба родителей с детьми сегодня популярный тренд: взрослые рассматривают своего ребенка как равноправного партнера, как друга, которому можно довериться и с которым можно советоваться по самым разным вопросам. В моей работе мне часто приходится иметь дело с подобной «дружбой» и ее негативными последствиями.

Как ни странно это звучит, но мы, родители, получаем от дружбы с детьми много психологических выгод.

Во-первых, нам нравится чувствовать себя «продвинутыми», мы всячески пытаемся уйти от традиционалистских взглядов на отношения детей и родителей к свободе, партнерству, «равенству и братству». Все эти условности: иерархия, дистанция, границы, подчинение, «слово взрослого — закон» — кажутся нам архаичными, все это вчерашний день. Мы хотим общаться с детьми на равных, не нависать над ними, не давить, не разрешать и запрещать, а разве что подсказывать и советовать, а там «пусть решают сами».

Во-вторых, в тренде «культ молодости». Возрастные рамки сдвинулись: если раньше 50-летние уже считались бабушками и дедушками, то сегодня они по-прежнему юноши и девушки — и внешне, и по манере держаться. Все стремятся быть молодыми. И если взрослый сын на улице вдруг сказал тебе «мама», а внук, не дай бог, назвал «бабушкой», это кошмар. Поэтому мам и бабушек теперь все чаще зовут по именам. «Он меня называет только Алусик», — говорит бабушка о внуке, и это помогает ей чувствовать себя молодой. Самый лучший комплимент: «Никогда не скажешь, что это ваша дочка. Вы как две сестры». И мама ощущает себя юной и беззаботной, как девушка.

Культ молодости влияет и на отношения с детьми: «Я такой же молодой, активный, мы с сыном говорим на одном языке, ходим в один и тот же клуб». Получается, нам не надо искать себе друзей на стороне, поддерживать с ними отношения, вкладываться в реальную дружбу: наши друзья — это наши дети. Очень удобно!

А раз это дружба, то, конечно, должны быть общие секреты. Скажем, мама купила что-нибудь втайне от папы и говорит сыну или дочке: «Только ты папе не говори». Или папа встретился с девушкой, о которой не должна знать мама, и предостерегает: «Не проболтайся!» Ребенок вынужден соблюдать «джентльменский договор», а значит, выбирать между родителями. Конечно, тайна тайне рознь. Одно

Детям нужна комфортная среда, где бы они чувствовали себя детьми, а над ними был бы сильный взрослый, который обеспечит безопасность и возьмет на себя ответственность.

дело, когда готовится сюрприз и мама просит: «Давай вместе сделаем папе подарок ко дню рождения. Спрячем его и не скажем», — такая тайна объединяет, делает нас ближе, в этом «заговоре» есть романтика, игра, проявление внимания к близкому человеку. Но чаще всего тайны возникают при ссорах и разводах и порой выливаются в крайне уродливые формы отношений. Например, может возникнуть коалиция — объединение одного из родителей с ребенком по принципу «против кого дружим».

Дружба заключается еще и в том, чтобы делиться чем-то, что тебя беспокоит. И вот ребенок-друг становится «жилеткой», в которую можно поплакаться, «контейнером», в который мы загружаем свои беды и тревоги. А ведь это мы, родители, в особенности мамы, должны поддерживать ребенка и учить его справляться со своими эмоциями.

Бремя ответственности

Детям поначалу такая дружба очень нравится — они гордятся современными родителями, чувствуют себя взрослыми. Правда, мы как-то упускаем из виду вопрос об ответственности — а он один из самых важных.

У взрослого по определению больше прав, и именно он отвечает и за себя, и за ребенка. Но в наш инфантильный век взрослые стремятся снять с себя это тяжкое бремя. Мы начинаем «дружить» с детьми, делаем их своими «доверенными лицами», заставляем вставать на чью-то сторону, посвящаем их в подробности своей личной жизни, просим у них совета и даже принимаем решения, опираясь на их мнение. В результате мы делим от-

Время детей поддерживать нас еще придет, и дружить мы будем обязательно — только позже, когда они вырастут.

ветственность либо пополам, либо полностью перекладываем ее на детей. И вдобавок предъявляем претензии: «Я сделала так, как ты мне сказал, и посмотри, что получилось».

Но возлагать на плечи ребенка столь тяжелую ношу нельзя. Такие отношения разрушительно действуют на его психику, личность, не дают ему оставаться ребенком — «пребывать в счастливом неведении», развиваться и взрослеть в спокойном темпе.

Последствия нашей «дружбы» проявляются особенно резко и отчетливо, когда ребенок становится подростком. Он стремится к самостоятельности, дистанцируется от родителей, хочет иметь собственные, а не общие с мамой-папой секреты, возможность закрыться в своей комнате одному или с приятелями, поговорить по телефону «без родительских ушей». Часто такая «сепарация» становится настоящим ударом для родителей: «Мы же с тобой друзья, а ты мне ничего не рассказываешь, все скрываешь. Как же так?» Мы хотим доминировать в жизни ребенка, противимся тому, чтобы у него появились другие значимые люди.

Безусловно, близость и доверие — неотъемлемая часть хороших отношений с ребенком, но это вовсе не значит, что надо быть с ним на равных. Мы не должны ставить перед ним задачи, которые он не может не только решить, но даже до конца осмыслить.

Так, в ситуации с мамой, которая мечется между сыном и любимым мужчиной, она сама должна сделать выбор, выходить ей замуж или нет. И ответственность за это решение тоже на ней — это ее жизнь. Конечно, сын может расстроиться, обидеться. Важно в этот период уделить ему как можно больше внимания и сделать так, чтобы он понял: выйдя замуж, мама будет любить его по-прежнему. И если что-либо для него изменится, то только в лучшую сторону — в ее новом муже он найдет еще одного взрослого человека, который будет о нем заботиться и к которому можно прийти за советом.

У каждого своя роль

Семья — это особая конструкция, которая живет по своим законам, правилам и где у каждого своя роль. Родители — это родители, а дети — это дети. Задача родителей — кормить, одевать, обувать, защищать, воспитывать, задавать систему координат, устанавливать границы, направлять и подсказывать, как поступить в том или ином случае. Дело детей — с одной стороны, слушаться, уважать, подчиняться, следовать родительским наставлениям, а с другой — шалить, пытаясь нащупать границы дозволенного, отстаивать свою независимость, самостоятельность. Если эту систему перевернуть с ног на голову, дети окажутся на позиции взрослого, что абсолютно противоестественно. Для нормального развития им нужна комфортная среда, где бы они чувствовали себя детьми, а над ними был бы сильный взрослый, который обеспечит безопасность, возьмет на себя ответственность, в случае чего защитит или приструнит, потому что знает, что правильно и как надо.

Что же касается дружбы и поддержки — их время поддерживать нас еще придет, и дружить мы будем обязательно — только позже, когда они вырастут.

Как восстановить родительский авторитет

Девочка пятнадцати лет окончила учебный год так плохо, что ей грозит отчисление из лицея. Родители наняли репетиторов, но дочь заниматься не хочет — время проводит с подружками и в соцсетях. На двери в свою комнату она повесила табличку «Не входить». Разговаривая с друзьями по телефону, мило воркует, а родителям откровенно хамит. Бродит по дому с угрюмым лицом, на замечания только пожимает плечами, ухмыляется и отвечает одно и то же: «Вы не имеете права мной командовать!» Когда мама увидела, что дочь выстригла полголовы, а оставшиеся волосы выкрасила в какой-то розово-зеленый цвет, она устроила грандиозный скандал. Девочка в ответ уже не просто ей нагрубила, а использовала ненормативную лексику, швырнула чашкой. «Она нас ни во что не ставит», — жалуется мама. Как восстановить родительский авторитет, если ребенок не видит в нас ориентир, на который можно равняться?

Разорванные узы

Демонстративное неповиновение детей — признак неблагополучия в наших отношениях. И говорит он не о том, что дети вдруг «испортились и совершенно отбились от рук», а о том, что потерян контакт, между нами больше нет близости. Кажется, еще недавно мы были главными в жизни детей, они стремились к нам, искали общения, а теперь не желают слушать наши нотации, утыкаются в свои телефоны, когда мы к ним обращаемся, могут грубо «послать». В таких случаях родители зачастую теряются, капитулируют или, хуже того, начинают раскручивать спираль «симметричных действий»: дети кричат — родители кричат в ответ, дети оскорбляют — и тут же слышат оскорбления в свой адрес, дети бастуют, отказываются разговаривать — и родители объявляют им ответный бойкот.

У многих конфликты происходят по одному и тому же сценарию. В конце концов у мам и пап сдают нервы, и они переходят к жестким мерам — держат детей взаперти, лишают карманных денег. Но и этим не могут добиться ничего, кроме еще большего озлобления. И тогда детей отсылают подальше от дома — «чтобы вырвать из плохой компании» и потому что «так будет лучше». Но, как показывает опыт, лучше не становится. Это не решение, а бегство от проблемы.

Часто мы слышим: «Современные дети не нуждаются в авторитетах». Это неправда. Они растут, развиваются — значит, у них есть потребность в том, чтобы за кем-то следовать, с кого-то брать пример и просить совета, когда они не знают, как поступить. Это реальная потребность, удовлетворить которую могут в первую очередь родители с их авторитетом и жизненным опытом. Но если ребенок не ориентирован на нас, значит, он ориентирован на кого-то еще. На кого? Как правило, на ровесников. И это нормально, так и должно быть в подростковом возрасте, когда ребенок позиционирует и укрепляет свое «Я» во взаимодействии с внешним миром. Поэтому не надо ревновать детей к друзьям. Дру-

Наладить отношения с детьми — наша ответственность и наша обязанность, и не надо ее перекладывать на ребенка, по-детски обижаясь на его выходки и предъявляя бесконечные претензии.

гое дело, если ориентиром становятся только ровесники, а родители полностью отвергаются — тогда ребенку не за кем тянуться, некуда расти, не надо взрослеть, он уже «равный среди равных».

Шаги навстречу

Беда не только в том, что дети откровенно хамят, «невзирая на лица». Потеря авторитета — это потеря влияния и управления. Трудно воспитывать и контролировать ребенка, когда им управляет кто-то другой. Правила, принципы, ценности передаются по вертикали — от старших к младшим. Отношения с родителями — это стрелка компаса, указывающая направление движения. А когда канал связи разрушен, когда провода оборваны, ток не поступает и все наши усилия тратятся впустую.

Разрушенные связи необходимо восстанавливать или строить заново. С чего начать?

Привлечь внимание

Как бы странно это ни звучало, мы должны привлечь к себе внимание ребенка — и не просто внимание, а позитивное и доброжелательное. Вызвать его улыбку, добрый, теплый взгляд, нормальную ответную реакцию. Как? Конечно, не обиженным выражением лица и не претензиями.

Вспомним, как мы смотрели на ребенка, когда он был маленьким, как радовались ему и как он радовался нам. Это сейчас, в ситуации перманентного конфликта, мы друг другу, кажется, не рады. Значит, надо вернуться в то забытое состояние и дать ребенку почувствовать, как мы счастливы, что он у нас есть. Показать, что мы общаемся с ним с удовольствием и принимаем его таким, каким он преподносит себя миру, не оценивая, не критикуя. Как бы независимо он себя ни вел, сколько бы ни делал вид, что ему все безразлично, ему, конечно, важно знать, что его любят, ценят, что по нему скучают. Если мы убедим ребенка, что это так и есть, он начнет потихоньку оттаивать.

Мы делаем это не для того, чтобы, завладев его вниманием, прочитать очередную нотацию, заставить его пойти на дополнительные занятия или убедить вернуть волосам привычный цвет. Нам не важны его достижения, мы не собираемся выставлять ему оценок. Мы хотим вернуть те отношения, ту привязанность, которые когда-то были между нами.

Создать ритуалы

Когда ребенок был маленьким, мы говорили ему «доброе утро», когда он просыпался, перед сном читали сказки, спрашивали, как он провел день, целовали его, отправляя к бабушке. А что теперь? Мы перестали регулярно здороваться по утрам, желать друг другу спокойной ночи, делиться впечатлениями, вернувшись с вечеринки или из театра, собираться по воскресеньям за семейным обедом. Иначе говоря, мы забыли про ритуалы.

Значит, надо вспомнить о них или создать заново. Почему это важно? Ритуалы, традиции цементируют семью. Обычная ритуальная фраза «Доброе утро!» — хоть и хрупкий, но контакт, отправная точка, с которой можно начать разговор. Как бы ни складывались наши отношения, в определенный день мы собираемся вместе. Это ниточка, которую трудно разорвать даже в самые напряженные моменты, своего рода «спасательный круг», за который можно уцепиться и «вытянуть», казалось бы, безнадежную ситуацию.

Мало что упорядочивает мир ребенка так, как ритуалы. Чем менее он дисциплинирован, тем больше надо структурировать его жизнь, делать ее предсказуемой.

Ритуалы настолько важны, что ради них стоит прервать даже увлекательное занятие. Только делать это надо аккуратно, чтобы добрая традиция не вызывала отторжения. Скажем, у нас накрыт стол для семейного обеда по случаю дня рождения дедушки, гости в сборе, а ребенок чем-то занят у себя в комнате — игрой, перепиской с друзьями, чтением ленты в соцсетях. Чтобы не спровоцировать недовольство и раздражение, нужно сначала «присоединиться» к нему — подойти, поговорить о том, чем он занят: «У тебя новая игра? Здорово! Ну, ты сможешь ненадолго прерваться, пора идти за стол, уже все собрались. А потом продолжишь».

С ритуалами важно не переборщить, чтобы у ребенка не возникло ощущения, что над ним нависают и требуют постоянно быть с семьей. Но несколько действительно значимых событий, объединяющих членов семьи, обязательно должно быть. Например, воскресные обеды с участием бабушки и дедушки, совместные походы в кино, чтение книг по вечерам. Главное, чтобы это приносило удовольствие всем участникам процесса.

Важно подумать о создании поля общих интересов, найти что-то, что будет служить нам точкой опоры. Подростку нравится, когда у него современ-

Если мы хотим, чтобы ребенок воспринимал нас как значимую фигуру, между нами должно быть реальное взаимодействие, должен быть канал, по которому идет энергия — от нас к нему и от него к нам.

ные родители, которые не воротят нос от его увлечений и могут вместе с ним посмотреть его любимое аниме или видеоблоги на ютубе, которые в курсе актуальных музыкальных направлений и иногда даже не прочь сходить с ребенком на концерт. Это его преимущество перед сверстниками, у которых «отсталые предки». Это позволяет ему выступить по отношению к нам в роли «просветителя», сыграть на своем поле, где он чувствует себя уверенно и в чем-то круче нас. Мы же будем лучше понимать, чем он живет.

Здесь, как и везде, нужна «золотая середина»: проявляя интерес к жизни ребенка, мы не сливаемся с его жизнью, не изображаем то, чего нет, но готовы его выслушать и время от времени проводить время вместе.

Восстановить физический контакт

Когда ребенок достигает подросткового возраста, очень часто мы теряем с ним не только эмоциональный, но и физический контакт. Многие подростки становятся ершистыми, требуют, чтобы их в прямом смысле «не трогали», заявляют, что им «не нужны эти телячьи нежности».

Потребность в физическом контакте у всех очень разная, но все-таки нам не стоит воспринимать отказ подростка идти на контакт буквально. Ребенок избегает как раз того, в чем больше всего нуждается. Между тем ласковые прикосновения — прекрасный способ снять напряжение и разрядить обстановку. Тронуть за руку, обнять за плечи, погладить по голове, потрепать по волосам, шутливо потолкаться — все это позволяет выразить нашу любовь к ребенку.

Объятия дают нам тепло и силы. Как мы занимались с маленькими детьми? Мы их поглаживали, прижимали к себе, подбрасывали вверх, обнимали. Дети чувствовали себя любимыми и защищенными. И ершистого подростка можно спросить с улыбкой: «Ты не против, если я тебя обниму?» А потом, когда мы обнялись и помолчали, придут и нужные слова. Но если он против — обнимать не надо. Можно просто постоять рядом, улыбнуться, не навязывая себя.

Волшебное средство

Если мы хотим, чтобы ребенок воспринимал нас как значимую фигуру в своей жизни, между нами должно быть реальное взаимодействие, должен быть канал, по которому идет энергия — от нас к нему и от него к нам. Восстановить или создать такой канал совсем не просто: мы пытаемся все наладить, а ребенок на первых порах нам не отвечает, кривляется, грубит, не хочет общаться. Вернуть авторитет, наладить отношения с детьми — наша ответственность и наша обязанность, и не надо ее перекладывать на ребенка, по-детски обижаясь на его выходки и предъявляя бесконечные претензии.

Не бывает однократной прививки от плохого поведения, но мы можем регулярно давать «витамины» — ежедневно что-нибудь делать, продвигаясь навстречу друг другу. А значит, надо искать поводы, чтобы проявлять восхищение и одобрение. Один из самых действенных «витаминов» — наша безусловная любовь. Она необходима ребенку всегда, но особенно сейчас, когда мы вошли в крутое пике в наших отношениях.

Если мы дадим ребенку понять — с помощью слов, жестов, взглядов, — что знаем, какой он на самом деле, какой он настоящий, и любим его таким, ему не придется «прихорашиваться» или, наоборот, «демонизировать» себя перед нами, демонстрировать то, что ему не свойственно. Так мы вернем в наши отношения здравый подход, основанный на мудрой любви. Выстроим систему, которая улучшит качество жизни всей семьи, сделает ее более спокойной и радостной, а детей — счастливыми.

Как договариваться с учителем?

Одна мама рассказала мне о конфликте с учителем. Произошло следующее. Семья уехала в отпуск раньше, чем начались каникулы. Перед отъездом мама передала классному руководителю записку, в которой предупредила, что ее дочь пропустит учебу. Но когда девочка вернулась к занятиям, то тут же получила двойку — материала она не знала, а уважительной причины, с точки зрения педагога, у нее не было. Мама написала еще одну записку — с объяснениями. Но потом выяснилось, что дочка ее даже не передала: учитель сказал, чтобы она не записки ему носила, а выучила пропущенные разделы. Теперь мама боится, что он будет придираться к девочке «по поводу и без». Что делать в такой ситуации?

Дело взрослых

Иногда родителям действительно трудно найти с учителем общий язык, о чем-то договориться. А бывает, что мы просто не хотим в это впрягаться: зачем вступать в отношения, которые, как нам кажется, не сулят ничего хорошего, — начнутся претензии, просьбы, жалобы. Одним словом, лишняя головная боль. Как говорится, чтобы «пережить» школу без вреда для здоровья, надо от нее максимально дистанцироваться, а значит, общаться с учителями только по необходимости и лучше через ребенка — отправить записку или передать что-то на словах. В конце концов, почему мы должны оправдываться и подстраиваться под учителя? Ведь именно мы, так или иначе, напрямую или через налоги, оплачиваем его работу. Пусть он подстраивается под нас.

Конечно, взаимодействуя с другими, не стоит каждый раз выкладываться на все сто — на это не хватит ни сил, ни эмоций. Но отношения с учителем нельзя назвать проходными. Педагоги — не обслуживающий персонал, здесь нельзя выстраивать общение по типу «функция — функция», как мы делаем это, например, в ресторане: я — клиент, ты — официант, я сделал заказ, ты обслужил. От отношений с учителем во многом зависит благополучие нашего ребенка, поэтому стоит отнестись к ним серьезно. И если в них происходит сбой, мы должны использовать все возможности, чтобы эти отношения наладить.

Разбираться надо на уровне взрослых, не втягивая ребенка в конфликт, не делая его заложником ситуации и не сваливая на него коммуникацию, которая ему не под силу.

Не все средства хороши

Чтобы наше общение с учителем было продуктивным, надо выбрать адекватные способы коммуникации. Скажем сразу: это не тот случай, когда «все средства хороши». От чего точно стоит отказаться, так это от лжи, лести и давления — главных составляющих манипуляции.

Ложь

Когда мы говорим одно, а подразумеваем другое, даем обещания, которые не собираемся выполнять, и подспудно подводим человека к нужным нам решениям и поступкам, мы поступаем нерационально. На вранье уходит очень много энергии. Мы не можем расслабиться, опасаясь сболтнуть лишнее, должны помнить «легенду», чтобы случайно себя не выдать. Если мы солгали, то в какой-то момент обязательно «проколемся». Поэтому не стоит говорить, что нам надо срочно уехать, чтобы навестить больную бабушку, если на самом деле это не так. К тому же отвечать за наши фантазии придется ребенку — а справится ли он? Я уже не говорю об этике и воспитании: не стоит учить ребенка врать. У нас, безусловно, есть право умолчать о чем-то, но опускаться до лжи не стоит ни при каких обстоятельствах.

Лесть

Нахваливая педагога и приписывая ему позитивные черты, которых на самом деле в нем не видим, мы вряд ли добьемся своей цели. Например, мы можем заметить в разговоре с учителем, что «с таким замечательным наставником ребенок моментально все нагонит». А выйдя из школы, конечно же, не удержимся и выскажем вслух все, что о нем думаем: «самый заурядный учитель, непонятно, что он вообще делает в нашей продвинутой школе». Это может услышать ребенок, и тогда лесть становится опасной вдвойне: мы испортим отношения с учителем, ведь он наверняка почувствует фальшь, и в глазах ребенка выставим себя в самом невыгодном свете.

Давление

Стратегически очень непродуктивно требовать чего-либо от других в ультимативной форме. Допустим, мы начинаем качать права, ссылаемся на какие-то нормативные документы, якобы позволяющие уехать в разгар учебного года, приносим справки из поликлиники или даже грозимся пойти к директору школы. Это всегда вызывает ответную агрессию. Она может быть открытой, что сразу приведет к конфликту, или скрытой — человек под давлением прогнется, но не забудет этого, и обида проявится в негативном отношении к нам (и к нашему ребенку, если речь об учителе).

Какой бы способ манипуляции мы ни выбрали, учитель, возможно, и поддастся ей в первый момент, но потом поймет, что произошло, и вряд ли останется благожелательным к тем, кто так ловко обвел его вокруг пальца. Поэтому я за открытое взаимодействие — для долгосрочных отношений лишь оно эффективно.

Кто есть кто

Как найти оптимальные способы взаимодействия с учителем? Для этого надо прежде всего понять, что за человек перед нами. Своим клиентам я предлагаю простую и эффективную типологию. Она базируется на глубинных психологических характеристиках, но при этом легка для понимания и использования. Этот подход позволяет и учителей условно разделить на три типа: ориентированные на себя («звезда»), на общение («душа компании») и на дело («профи»).

Звезда

На первом месте у такого наставника собственное «Я». Он стремится доминировать, не готов уступать лидерские позиции, хочет быть в центре внимания, любит блеснуть эрудицией, показать свое превосходство. Его ведущий мотив — самоутверждение, иногда за счет других.

«Звездам» неприятно и тяжело, когда хвалят кого-то еще. Зачастую они начинают обесценивать своих «соперников», позволяют себе критиковать коллег в присутствии родителей.

Человек такого типа не переносит шуток в свой адрес, фамильярности. Его позиция — всегда быть выше других. Он тщательно оберегает свой авторитет и требует к себе абсолютного уважения. Знания, эрудиция, взаимоотношения с окружающими для него не цель, а средство продемонстрировать свое «Я».

Педагоги-«звезды» часто становятся завучами, старшими по предметам. Для них важны премии, награды. В их кабинетах на стенах развешаны грамоты, дипломы, сертификаты. Они очень заинтересованы в карьерном росте.

Душа компании

Такой учитель ориентирован на общение. Ему важно, чтобы ученики радостно бежали ему навстречу, а родители с удовольствием ходили на родительские собрания. Он стремится быть приветливым, внимательным и ждет того же от других, любит поговорить «за жизнь».

«Душа компании» старается подобрать ключик к каждому ученику, со старшими допускает даже некоторую фамильярность. Он быстро начинает дружить с детьми, старается наладить отношения с родителями, вникает в семейные дела.

Фраза «войдите в наше положение» — для него руководство к действию. Он будет выяснять, что и с кем случилось, как ребенок себя чувствует, обязательно предложит помощь. Бывает, родители и дети этим пользуются, злоупотребляют его доверием.

Педагоги такого типа больше занимаются воспитанием, а не образованием: в воспитательных целях могут одному ребенку занизить оценку, а другому завысить. Они защищают своих учеников от других учителей, действительно любят детей, хорошо их знают и искренне, не по долгу службы, интересуются их жизнью.

Профи

Это человек дела, для которого главное — предмет, который он преподает. Он знает его досконально, посещает курсы повышения квалификации, читает специальную литературу, стремится разобраться во всех тонкостях и считает, что знания — лучший воспитатель.

Он ориентирован на высокое качество работы, тщательно готовится к урокам, требует дисциплины, ценит точные ответы. Его в буквальном смысле бесит, если кто-то пропускает занятия, а значит, «выпадает» из плана.

Взаимоотношения людей учителю-профи не слишком интересны. Он не стремится вникать в специфику возраста, психологических особенностей детей, ведь школа, по его мнению, — это место, куда приходят получать знания. Для него общение — это обмен информацией, не более.

Такого учителя мало волнует, что происходит в семьях его учеников. Когда ему начинают объяснять, что мальчик не сделал домашнюю работу, потому что ему неожиданно пришлось присмотреть за младшей сестренкой, это вызывает у него раздражение.

Чтобы наше общение с учителем было продуктивным, надо выбрать адекватные способы коммуникации: это не тот случай, когда «все средства хороши».

К каждому свой подход

Конечно, «чистые» типы встречаются редко. Но, проанализировав поведение любого из нас, можно выделить ведущую и вспомогательные черты. Иногда бывает, что у учителя хорошо развиты все три регистра, он легко переключается между ними, и тогда трудностей в общении с ним практически не возникает.

Попробуем вспомнить, как учитель проводил родительское собрание. О чем он больше говорил — о предмете или о себе? А может, снова и снова повторял «давайте жить дружно»? Какие слова употреблял чаще — «уравнения», «решения», «тетрадки» или «ребята», «конфликты», «переживания»? На одном из собраний можно просто записать ключевые слова — они покажут, что для него значимо.

Поняв, с кем имеем дело, мы не станем ждать от «профи» улыбок и приятных бесед. Мы не будем возмущаться, когда «душа компании» спросит нас о личном. А стремление «звезды» самоутвердиться не выбьет нас из колеи.

Представим, что нам нужно увезти ребенка на неделю раньше, чем начнутся каникулы, и мы хотим обсудить это с учителем. Разговаривая со «звездой», важно дать ему возможность проявить свою доминантность. Ему в принципе все равно, почему нам нужно уехать, зато важно услышать: «Мы в первую очередь подошли к вам, потому что для нас главное — ваше согласие. Даже билеты пока не брали». Если учитель по какой-то причине не хочет отпускать ребенка, надо дать ему высказаться, не перебивая и не споря, и только потом спокойно и уверенно выразить свою точку зрения, найти компромисс и заверить: «Мы вас не подведем, выполним все задания, которые вы нам дадите». Только потом мы действительно должны их выполнить.

Как взаимодействовать с «душой компании»? Прежде всего настроиться на общение. Беседу лучше начинать со small talk: поговорить о погоде, о каких-то свежих впечатлениях (фильмах, выставках, книгах), о других общих вещах и только после этого переходить к делу. Когда речь зайдет о необходимости уехать на каникулы пораньше, мы объясним, почему это для нас так важно, расскажем о семейных обстоятельствах, вынуждающих нас это сделать. В ответ учитель, скорее всего, скажет: «Ничего страшного, догоните». Конечно, необходимо сохранять определенную дистанцию, но она может быть гораздо короче, чем с другими учителями.

В разговоре с «профи» сразу нужно прояснить, какие темы ребенок пропустит, по какому учебнику нужно будет это наверстывать, какой методикой стоит воспользоваться. Рекомендации учителя лучше записать и обязательно поблагодарить его. Не надо вдаваться в подробности, рассказывать про семью, здоровье и т. д. Лучше говорить коротко, конкретно и по делу. Тогда он будет считать нас серьезными и разумными людьми, с которыми можно договариваться.

Нравится нам это или нет, но от наших отношений с учителем зачастую зависит, насколько комфортно чувствует себя наш ребенок, хочется ли ему ходить в школу, нравится ли учиться. Поэтому я однозначно против конфликтов с учителями и взаимных претензий. Я считаю, что должен быть диалог, когда две стороны слышат друг друга — в этом заинтересованы и учителя, и родители. Надо сделать так, чтобы отношение учителя было доброжелательным, а атмосфера, в которой проходит учебный процесс, — благотворной.

Чтобы учитель нас услышал, встал на нашу сторону, захотел помочь, важно знать, что он собой представляет, почему ведет себя так, а не иначе. Пытаясь понять особенности других людей, мы начинаем лучше понимать и себя, задумываться о том, почему с кем-то нам легко и приятно общаться, а с кем-то тяжело. Мы узнаем, на какой почве могут возникнуть конфликты и как их избежать. Так мы экономим время, энергию и оберегаем себя и ребенка от лишнего напряжения.

Как «заставить» ребенка учиться?

«Мы перепробовали все: грозили, наказывали, запрещали. Ничего не действует...» — родители в растерянности. Дочка перешла в восьмой класс, и ее будто подменили. В начальной школе она была отличницей, потом училась вполне прилично, ходила на английский, на гимнастику, в бассейн. А теперь желание учиться пропало напрочь. Домашние задания не выполняет, начала прогуливать уроки, съехала даже по тем предметам, которые ей всегда легко давались, а по математике и физике стала получать двойки. Родители объясняли, что надо думать о ЕГЭ, набрать хорошие баллы, иначе не поступить в приличный вуз на бюджет. Но все безрезультатно. Взрослые никак не могут понять, что происходит и как помочь дочери.

Похитители энергии

Причин, по которым дети не хотят учиться, столько же, сколько и детей. Но, как показывает опыт, можно выделить несколько основных, и если их сгруппировать, станет понятно, по каким каналам и куда утекает энергия, которая должна быть направлена на учебу. Самые большие «черные дыры» я бы обозначила так: нагрузка, отношения, увлечения.

Нагрузка

Современные дети так загружены учебой и дополнительными занятиями (кружки, репетиторы, спортивные секции), что у них абсолютно не остается свободного времени. И если до подросткового возраста они худо-бедно тянут лямку, то потом начинают бунтовать, отлично понимая, что родительские крики и угрозы ни к чему не приведут. Как сказал мне один подросток, «кормить не перестанут, из дома не выгонят».

Чрезмерная занятость разрушает мотивацию, снижает креативность, тормозит развитие лидерских качеств. И негативно отражается на успеваемости — ребенок буквально перестает «успевать». Уроки приходится делать поздно вечером, когда он устал и плохо соображает. Конечно, ребенок использует любую возможность увернуться от непосильных нагрузок.

Перегруженность сказывается и на здоровье — дети начинают чаще болеть, а значит, пропускать уроки. Те, кто занимается спортом или творчеством, периодически пропускают занятия из-за сборов, соревнований, концертов. Причины вроде бы уважительные, но все это в итоге приводит к серьезным пробелам в знаниях, которые ребенок самостоятельно восполнить не может. Пропустив несколько занятий, он не способен включиться в учебный процесс ни в классе, ни дома — он просто не понимает, о чем говорит учитель, и не знает, как подступиться к домашним заданиям, которые копятся, как снежный ком. Сначала он скрывает это от родителей, делает вид, что занимается, потом, чтобы «не нарываться на неприятности», начинает прогуливать уроки.

Если проследить судьбу отличников и троечников, посмотреть, как сложились их судьбы, станет ясно, что школьные достижения — не гарантия будущего успеха.

Отношения

На желание детей учиться и ходить в школу влияет и обстановка в классе, отношения со сверстниками и учителями.

В младших классах особенно важно, как к ребенку относится педагог. Одна мама жаловалась мне, что учительница невзлюбила ее сына. Вызвав маму в школу, она заявила: «Я не могу работать с вашим ребенком. У меня язва открывается, когда я его вижу». Она не могла сдержать раздражения, глядя, как мальчик во время урока машинально наматывает на палец какие-то ниточки. Конечно, ребенок это чувствовал, приходил с занятий расстроенный и не хотел делать домашнее задание.

У подростков на первый план выходят отношения с одноклассниками — они во многом определяют эмоциональное состояние ребенка. Когда они не складываются или ребенок становится объектом травли, ему уже не до учебы.

Увлечения

Еще один канал «разбазаривания» энергии — незапланированные, неподконтрольные увлечения детей, которые, с точки зрения взрослых, ничего не дают ребенку — как говорится, «ни уму ни сердцу», а только «отвлекают от дела».

Это могут быть подростковые компании «по интересам»: у одних это музыкальная группа, у других футбольная команда — дети собираются вместе, чтобы послушать музыку, обсудить новости, отправиться на стадион или просто прошвырнуться по улицам в поисках приключений. Кто-то всерьез увлекается травмоопасным экстримом — руфингом, паркуром, стритрейсингом, зацепингом.

Конечно, массу времени съедают и гаджеты: здесь и компьютерные игры, и общение в интернете, чаты, переписки. Ребенок считает минуты до окончания уроков — все внимание сосредоточено на чем-то другом.

А уж подростковая влюбленность способна поглощать все силы и мысли. Хотя бывает, что именно желание произвести впечатление на объект симпатии, вырваться в лидеры, стать лучшим, заставляет ребенка учиться — «стремиться и достигать».

Неотложная помощь

Независимо от того, по какой причине ребенок не хочет учиться, мы, родители, должны отложить все дела, «спикировать» на проблему и посвятить ее решению столько времени, сколько понадобится. Самое главное — не угрожать, не наказывать, чтобы не разрушить контакт с ребенком. Наоборот, надо сблизиться и всячески ему помогать.

Расставить приоритеты

Замечая, что дети утомляются, устают, родители зачастую начинают давать им медикаменты, способствующие концентрации внимания и повышению работоспособности — фактически подсаживают их на допинг. Я всегда предостерегаю от этого. Если дело в чрезмерной нагрузке, нужно ее снизить, дать ребенку передохнуть, найти оптимальный для него темп жизни. И не ждать результатов сразу — пусть сначала восстановится.

Надо провести своего рода инвентаризацию — чем ребенок занимается, куда уходят его силы и почему их не остается на учебу. Если он бегает по кружкам, как в стихотворении Агнии Барто — «У меня кружок по фото, а еще и петь охота...», надо подумать, от чего стоит отказаться, чтобы сосредоточиться на учебе. Все дети разные, их способности индивидуальны, у кого-то лучше получается одно, а у кого-то другое. И если у ребенка не клеится с учебой, он должен знать, что он не бесталанный, не безнадежный, всегда найдется что-нибудь, что он делает хорошо: один прекрасно играет в теннис, другой поет, третий рисует, четвертый печет пироги. Поэтому ни в коем случае нельзя лишать ребенка того занятия, которое ему нравится и в котором он чувствует себя успешным.

Я знаю семью, где из-за плохих оценок мальчика забрали из хоккейной секции, хотя он был одним из лучших в команде. И что это дало? Ребенок был страшно расстроен, обижен на родителей — ведь его оставили без любимого дела, занимался из-под палки, со скандалами. Отношения были испорчены, а лучше учиться он так и не стал. Ту сферу жизни ребенка, в которой он чувствовал себя уверенно, где у него были реальные достижения, родители отсекли, и он оказался лишь в роли отстающего, догоняющего, которому ничего не остается, как только тянуться за другими, а это тяжело, обидно, унизительно.

Научить учиться

Когда какой-то предмет запущен и непонятно, как к нему подступиться, можно использовать то, что я называю «методикой швейцарского сыра»: если перед тобой стена проблем, надо сначала прокрутить в ней две-три дырочки, а потом постепенно, шаг за шагом увеличивать их размер, пока стена не рухнет. В нашем случае надо определить, какие предметы сейчас наиболее важны и какие темы ребенок не усвоил, что надо подтянуть, после чего перейти к конкретным действиям — разобраться с одним запущенным параграфом из учебника, затем приступить к следующему и так далее. Конечно, потребуется время и терпение, зато мы увидим, как меняется отношение ребенка к занятиям: как только он начинает понимать и усваивать материал, пропадает страх, появляется уверенность в своих силах, а вместе с ней и интерес к учебе. Если предмет сложный и мы не можем помочь сами, значит, надо временно взять репетитора.

Бывает, что родители заставляют ребенка заниматься трудным предметом по два часа кряду и следят, чтобы он не отвлекался. Но мало кто может так долго сосредотачиваться на чем-либо. Ребенок сидит эти два часа, страдает, начинает тайком заниматься другим, продолжая изображать из себя труженика, — а воз и ныне там... Поэтому важно найти оптимальный способ самостоятельной работы. Можно разложить большое дело на цепь маленьких. Например, прочитал условие задачи, посидел, подумал минут десять (можно поставить песочные часы или включить таймер), потом сделал короткий перерыв, выпил чаю или попрыгал, поиграл с кошкой. Затем снова сосредоточился и решил задачу до конца. Надо научить ребенка после сильной концентрации переключаться на краткосрочный отдых и снова к максимальному сосредоточению.

Стоит ли делать с детьми домашнее задание? На первых порах, может быть, и стоит. Но в любом случае важно научить ребенка заниматься самостоятельно. Как только система будет отлажена, контроль можно ослабить.

Детей «заставляют» учиться прежде всего позитивная эмоция и успех. Ребенок чего-то достигает, у него появляется вера в свои силы, она дает ему энергию двигаться дальше. Если мы поможем ему почувствовать себя успешным — в любом деле, будь то спорт, музыка, рисование, поэзия, — то этот успех станет триггером, локомотивом, который потянет за собой остальное, в том числе и школьные оценки. А главное, вернет ребенку желание учиться.

Помочь наладить отношения

Если причина плохой учебы в пристрастном отношении учителя, ребенок рискует оказаться между молотом и наковальней: в школе его «третирует» педагог, а дома «прессуют» родители. Это тупиковый вариант: мы потеряем контакт с ребенком, а проблема так и не будет решена. Чтобы ее решить, нам придется поговорить с учителем, попытаться его услышать, что-то ему объяснить, как-то выстроить отношения. Если же мы понимаем, что выправить ситуацию не удастся, надо менять учителя — переходить в другой класс или в другую школу. Причем действовать надо оперативно: ребенку нельзя долгое время находиться в поле мощных негативных эмоций.

Точно так же надо разбираться в плохих отношениях со сверстниками. Если ребенка травят — это один вопрос (травле посвящена отдельная глава этой книги), если же ребенок не может найти общий язык с одноклассниками, надо учить его общаться и налаживать контакты.

Вводить ограничения

А что делать с увлечениями, которые пожирают время и энергию наших детей? Не стоит однозначно отвергать, критиковать то, что сейчас важно и зна-

Если мы поможем ребенку почувствовать себя успешным — в любом деле, будь то спорт, музыка, рисование, поэзия, — то этот успех станет локомотивом, который потянет за собой остальное, в том числе и школьные оценки.

чимо для ребенка. Иногда достаточно просто переждать, и увлечение само собой затухнет, рассеется, улетучится. Но так бывает, увы, не всегда.

Тогда нужно проявить заинтересованность, попытаться найти в занятиях ребенка какой-то позитив или рациональное зерно. Это позволит как минимум избежать конфронтации. А дальше — ограничивать время «нежелательных» занятий, постепенно сокращая его. Например: «Тебе нравится паркур? В целом я не против, что ты занимаешься спортом, но давай договоримся: ты посвящаешь этому не больше двух часов в день, а опасные трюки выполняешь только тогда, когда абсолютно к ним готов». Или: «Я понимаю, ты влюблена и ни о чем другом не можешь думать. Но ты пойдешь на свидание только после того, как сделаешь уроки, а вернуться домой должна не позже десяти вечера».

То же самое и с гаджетами. Полезно ввести правила и ограничения не только для детей, но и для всей семьи: садясь за стол, мы все откладываем в сторону и не отвлекаемся ни на какие устройства. А ложась спать, все отключаем и складываем подальше от кровати. Если мы будем устанавливать подобные правила и границы без критики и упреков, то и агрессии в ответ будет меньше.

Поощрять за процесс, а не за результат

Профессор Гарвардского университета Роланд Фрайер провел исследование, посвященное успеваемости школьников. В нем приняли участие 36 тыс. учеников из 250 школ. Оказалось, что лучше всего на учебу влияет поощрение конкретных действий — чтения книг, выполнения домашнего задания, активности на уроках. Оценки растут у детей, которые получают вознаграждение за процесс, а не за итоговый результат, причем вознаграждение не деньгами и не вещами. Зачастую достаточно похвалить ребенка, куда-нибудь сходить вместе с ним, оплатить интересные для него занятия. Но поощрение он должен получить сразу, а не когда-нибудь потом. Обещание «Сдашь в конце года экзамен — получишь новый смартфон» не дает эффекта. Надо отмечать промежуточные финиши, а не финал. Важны тактические победы, а не стратегические.

Хорошо дисциплинирует и мобилизует правильная постановка целей. Никакие нравоучения, назидания и призывы — «Ты должен хорошо сдать ЕГЭ!» — не помогут, если ребенок не знает, что конкретно ему делать. Но если мы говорим: «На этой неделе ты должен сходить на два дополнительных занятия по физике, сегодня решить по математике пять задач, подготовить доклад по истории» — это уже конкретный план действий, четкий и понятный, за который можно и спросить.

Когнитивные способности очень важны, но они определяют не все. Если посмотреть, как сложились судьбы отличников и троечников, станет ясно, что школьные достижения — не гарантия будущего успеха. Далеко не все мои клиенты, многие из которых входят в списки «Форбс», были отличниками в школе и прекрасно себя вели на уроках. Гораздо важнее пятерок по физике и геометрии полезные навыки и черты характера, которые вырабатываются у детей в процессе обучения, — это тот багаж, с которым они пойдут по жизни. Хотя натаскать на пятерку, конечно, проще, чем воспитать в ребенке упорство, любознательность, умение общаться, справляться со стрессом, творчески подходить к любому делу.

Плохие оценки — знак неблагополучия, звоночек, который должен заставить нас остановиться, посмотреть, что происходит с ребенком, и помочь ему справиться с трудностями.

Как запрограммировать ребенка на удачу

Ко мне обратился отец 11-летнего мальчика, которому, как считает папа, тотально не везет. Уже на третий день занятий в лыжной секции он сломал ногу. И так у него всегда! Наденет красивую рубашку — тут же перемажет ее ручкой, выйдет отвечать к доске — ему обязательно попадется вопрос по тому единственному параграфу, который он не успел подготовить. Мальчик и сам понимает, что всегда у него все не ладится. Когда пришел репетитор по английскому, он отказался заниматься: «Все равно ничего не поможет». Почему ребенок стал неудачником и что с этим делать?

Выигрышная стратегия

На мой взгляд, проблема не в том, что ребенку не везет, а в том, что ему не хватает оптимизма. На протяжении многих лет я спрашиваю родителей, какими они хотят воспитать своих детей, какие качества у них сформировать, и еще ни разу не слышала, чтобы кто-то мечтал вырастить ребенка оптимистом. Почему? Потому что оптимизм у нас обычно воспринимается как наивность, простодушие, в основе которого неумение критически мыслить, склонность все принимать на веру, смотреть на мир «сквозь розовые очки».

Часто приходится слышать: «Я не оптимист, я реалист». Но альтернатива оптимизму — не реализм, а пессимизм. Пессимистов легко узнать по фразам, которые они произносят после любой неудачи: «Ну так я и думал», «Этого следовало ожидать». Для них неприятности — это норма, а все хорошее — исключение из правил. «Хорошо быть пессимистом — я всегда или прав, или приятно удивлен», — бравирует своей «мудростью» пессимист. Он заранее знает, что ничего не получится, не стоит и пытаться, потому что «мир устроен несправедливо». Прекрасный повод, чтобы ничего не делать!

Пессимизм, по сути, это выученная беспомощность, своего рода психологическая защита. После нескольких неудачных попыток человек опускает руки, становится пассивным, отказывается прилагать хоть какие-то усилия. А если берется за что-нибудь, то особенно не напрягается, уверенный, что «в таких условиях все напрасно». Но идеальных условий не бывает никогда и нигде. А само ожидание неудач повышает их вероятность, заведомо ухудшая стартовые условия пессимиста.

Говорят, оптимизм по большей части иррационален — и это правда: человек верит, что добьется своего, даже если шансы на успех невелики. Узнав, что задумал оптимист, пессимист скорее всего покрутит пальцем у виска, а когда у оптимиста все получится, скажет, что ему просто повезло. Тем, кто верит в успех, действительно чаще приходится переживать неудачи, ведь они предпринимают больше попыток чего-то достичь, чем те, кто в него не верит. Но оптимисты по той же причине и успеха добиваются чаще, не говоря уже о том, что они реже страдают от депрессии. Так что быть оптимистом — более выигрышная стратегия.

Пятнадцать лет назад мы с коллегами провели исследование, изучив около 2 тыс. интервью с предпринимателями, которые добились или не добились успеха в период кризиса. Мы выяснили, что первые в отличие от вторых обладали тем, что я называю «неоправданным оптимизмом». То есть у них была несокрушимая вера в себя и высокая устойчивость в случае неудач. Более того, именно неудачи побуждали их мобилизовать все жизненные ресурсы, порождали азарт: «Я докажу. Я все равно это сделаю».

Воспитать оптимиста

Оптимизм — это умение адекватно воспринимать окружающий мир, фиксировать в сознании успехи и радости, это уверенность в том, что мы многое можем сделать. Оптимизм помогает переживать сложные времена и защищает от депрессий. Можно ли научить оптимизму? Можно и нужно. Стиль мышления — оптимистичный или пессимистичный — формируется в детстве и во многом программируется родителями. Этот процесс можно сделать более осознанным, если мы обратим внимание на несколько важных моментов.

Положительная установка

Я много лет занималась психологией спорта высших достижений и отлично представляю, что такое «программирование на успех» в подготовке будущих чемпионов. Спортсмен при помощи тренера мысленно рисует картину достижения, хочет ее реализовать, у него появляется стимул прилагать усилия уже сейчас. Ему приходится повторять новый элемент тысячи раз, прежде чем он получится. А когда он переходит на новый уровень, например с тройного прыжка на четверной в фигурном катании, то алгоритм действий сбивается. Чтобы снова и снова проходить через неудачи, отрабатывая элемент, нужна колоссальная энергия, ее можно поддерживать только верой в то, что, несмотря на падения и травмы, твои усилия дадут результат. Если же мы представляем себе, что все закончится неудачей, то никакого желания «надрываться» у нас не возникает.

Перед трудной контрольной мама тоже может дать ребенку положительную установку: «Не переживай по поводу оценки, решай задачи. Не все зависит от тебя. Если что-то пойдет не так, потом обсудим». С таким настроем ребенок и идет на контрольную. Он учится отделять то, на что он может повлиять, от того, что не в его власти. Так мы избавляем ребенка от страхов перед неудачей и сожалений о «напрасно» потраченных усилиях: пусть ты не получил высший балл, зато продвинулся на пути к цели. То есть все не зря.

Собственный пример

Мы редко задумываемся о том, что и как мы говорим и делаем в присутствии детей. Но ученые доказали, что любые наши повторяющиеся слова и действия закрепляют нейронные связи и определяют будущее поведение ребенка и даже его жизненный сценарий.

Дети внимательно следят за нами, они замечают все, в том числе нашу реакцию на собственные ошибки. Скажем, мама за завтраком пролила кофе

Наша задача не только быть рядом, но и не дать ребенку упасть духом, внушить ему, что неудача — это не повод потерять веру в себя.

себе на блузку. Она может воскликнуть: «Вот руки-крюки! Вечно я...», то есть «такой уж я уродилась, и ничего с этим не поделаешь». А может сказать более спокойно: «Ничего страшного, бывает, успею переодеться». Ребенок видит реакцию матери, перенимает алгоритм ее поведения в острых ситуациях, а с ним и ее образ мышления. Причем важны не только слова, которые мы произносим, но и интонации, взгляды, улыбки, энергия движений.

В нашей обычной, повседневной жизни возникает множество ситуаций, в которых проявляется наш эмоциональный настрой, оптимистичный или пессимистичный. Даже рядовая поездка на дачу в плохую погоду у одних вызывает тоску и уныние, другие же скажут: «Отлично, наконец-то посидим все вместе в доме, и я научу вас играть в лото, в детстве очень любил эту игру». Одни и те же внешние обстоятельства для кого-то — повод провести время с семьей, а для кого-то — сожалеть о впустую потраченном времени.

Слова «живые» и «мертвые»

От неудач не застрахован никто. Если мы настраиваем ребенка на успех, горечь поражения может быть даже сильнее, чем если в него никто не верил. Наша задача не только быть рядом, но и не дать ребенку упасть духом, внушить ему, что неудача — это не повод потерять веру в себя.

О том, как реагировать на промахи детей, мы подробно говорили в главе «Зачем нужны поражения?». Стоит повторить, что ребенку в первую очередь необходимы наши сочувствие и поддержка.

Консультируя родителей, я предлагаю им записывать слова, которые они говорят детям, реаги-

Пессимизм — это не диагноз и не приговор. Это стиль мышления и образ действия, которые можно менять, причем в любом возрасте.

руя на их неудачи, и потом посмотреть, сколько там «живых» и «мертвых» слов.

«Мертвые» слова — это в первую очередь обобщающие негативные оценки личности и поведения: придурок, идиот, балбес, недоумок. Они действуют на ребенка разрушительно, так же как выражения типа «ты меня замучил», «ты меня не любишь», «ты делаешь назло» — когда мы так говорим, мы приписываем детям негативные мотивы поступков. Важна и интонация: ирония, сарказм могут «умертвить» любое слово. Если, комментируя неудачу ребенка, с издевкой произнести: «Ну ты отличился сегодня!» или «Порадовал маму, нечего сказать, молодец...» — то формально нейтральные слова становятся «мертвыми», убивающими в детях энергию достижения, веру в свои силы. Возмущаясь, осуждая, критикуя, мы внушаем ребенку, что у него всегда все получается плохо. И ребенок сам начинает в это верить.

Мой собственный опыт и исследования, которые мы проводили со студентами, говорят о том, что суровые тренеры, которые «ломают» спортсменов и берут строгостью, граничащей с жестокостью, менее эффективны, чем те, кто опирается на позитив, поддерживает усилия. Такие тренеры в несколько раз чаще, чем «суровые», используют в своей речи «живые» слова: хвалят, ободряют, вселяют уверенность. В этом состоит и родительская задача.

Преодоление беспомощности

Неудачи — это повод поговорить с ребенком о том, что препятствия, в конце концов, даны нам, чтобы закалить характер. Люди, которые прошли через жесточайшие испытания, часто рассказывают, какую пользу смогли извлечь даже из этого опыта. Да, не все в нашей власти, но именно мы выбираем способ реагирования на те беды, которые нам выпадают.

Оптимисты — люди действия. Они видят проблемы и ищут решения, вместо того чтобы причитать и раз за разом пережевывать негатив. В отличие от пессимистов они считают делом случая не успехи, а провалы, а вот достижения — это всегда их собственная заслуга.

Поэтому очень важно приучать ребенка действовать, преодолевать беспомощность, проявлять самостоятельность, менять тактику, собственными усилиями корректировать обстоятельства. При негативном программировании родительское послание звучит так: «Что ни делай — все бесполезно». А при позитивном по-другому: «Мы знаем, как это исправить, мы не отступаем, ищем варианты, как добиться успеха, и обязательно его добьемся».

Радость достижений

В нашей культуре не только недооценивают оптимизм, но и не умеют радоваться достижениям. Некоторые родители умудряются обесценить любой успех ребенка: «Подумаешь, учитель задал тебе вопрос на уроке и ты ответил. Еще посмотрим, что на контрольной будет. Опять завалишь». А ведь даже скромный успех — это ступенька на пути к высокой цели. Невозможно заниматься чем-то долго без радости.

Надо обязательно отмечать прогресс ребенка, пусть и небольшой. Тогда он будет понимать, что идет в правильном направлении, что мы заметили — он справился! Это дает позитивную эмоцию, ощущение динамики, движения вперед.

Пессимизм — это не диагноз и не приговор. Это стиль мышления и образ действия, которые можно менять, причем в любом возрасте. Чтобы избавиться от клейма неудачника, нужно сначала перепрограммировать на успех себя, а затем осознанно и последовательно программировать на удачу и ребенка. И если взрослым на это требуется много усилий, то в случае с детьми это задача, вполне достижимая в короткие сроки.

Как не потерять себя в материнстве

У мамы двух девочек — восьми и двенадцати лет — востребованная профессия, так что карьера складывалась на редкость удачно, но с рождением детей она оставила работу и полностью погрузилась в их воспитание. Она устроила дочерей в престижную школу к лучшим педагогам, сама возила их на спортивные занятия, в кружки и студии и, казалось, была вправе рассчитывать на серьезные успехи. Но достижения девочек, увы, остаются весьма скромными. Старшая с трудом тянет гуманитарные предметы. А младшая, которая много занималась рисованием, не смогла поступить в художественную школу. Мама разочарована. Внезапно она осознала, что 12 лет ее жизни прожиты зря.

Ложные идеалы

Современной женщине материнству научиться негде. Раньше люди жили большими семьями, тесно общались с родственниками и соседями, чужие дети были рядом — покачай, подержи, покарауль. В каждом дворе играли в дочки-матери. А теперь девочки вырастают, не имея практического опыта обращения с детьми, у них нет даже представления о том, что их ждет. Да, мы с детства слышим «не сиди на камнях, тебе же рожать», «ты не мужа себе ищешь, а отца своему будущему ребенку», «счастье женщины в материнстве», а признанием в любви звучат слова «я хочу от тебя детей». Но и только. Зато есть фантазии, не имеющие ничего общего с реальностью. В розовых мечтах будущих мам — улыбающийся малыш в нарядном костюмчике: вот они вместе приходят в кафе, ему приносят специальный стульчик, он играет, пока мама болтает с подружками.

Когда эти инфантильные грезы рассеиваются, столкнувшись с суровой действительностью, оказывается, что материнство — это не только обретение, но и огромные потери: мы хронически недосыпаем, у нас портится фигура, больше нет личного пространства, времени на друзей, на собственные желания и интересы. Адаптация к новой роли — настоящий стресс: мы не готовы ни к физической, ни к психологической нагрузке, чувствуем себя беспомощными и потерянными.

Разумеется, все это временно. Все вернется на круги своя, но только в том случае, если в материнстве мы не потеряем самих себя. А это реальный риск. Хорошо, если рядом есть близкий человек, который даст мудрый совет, а если такого человека нет, а интуиция молчит, мы начинаем искать какие-то внешние ориентиры — здесь и интернет, и подруги, и соседки, и всевозможные книги по теории воспитания и уходу за детьми. Еще и общество подбрасывает ложные идеалы. «Герой нашего времени» — супермама.

Если женщина старается соответствовать этому образу, то роль матери становится для нее практически единственной. Она уже не жена, дочь, подруга, коллега, профессионал, она — МАТЬ. Это не просто роль, это своего рода миссия — с головой уйти в воспитание, буквально раствориться в ребенке и «костьми лечь», чтобы обеспечить ему счастли-

Сценарий супермамы — это дорога в никуда. Стремление к идеалу всегда заканчивается одним и тем же — усталостью, отсутствием энергии и конфликтами с близкими, в том числе с детьми.

вое, безоблачное детство. Все остальное обесценивается, да и сил ни на что больше не остается.

Кто-то наверняка восхитится, услышав фразу «для меня смысл жизни — в детях», а я чаще всего вижу в этом упрек другим. Например, собственной матери, которая «не убивалась», когда растила своих детей и, возможно, сейчас, с точки зрения дочери, тоже не идеальная бабушка. Или мужу, который не готов забросить увлечения и друзей, несмотря на то что в семье появился ребенок. Возможно, это упрек подругам, которые продолжают «порхать, подобно мотылькам», в то время как она героически «несет свой крест»... Но роль супермамы (в интернете таких женщин называют «яжемать») очень эгоистична. Ее цель — не столько благополучие детей, сколько создание определенного образа, за которым, по сути, стоит потребность заполнить внутреннюю пустоту.

Супермама взваливает на себя решение всех проблем, связанных с ребенком (уход, здоровье, образование, развитие, отдых), заботится о каждой мелочи, и у нее неизбежно возникает ощущение всемогущества — возможности на все влиять и все контролировать. Но комплекс всемогущества всегда идет рука об руку с чувством вины. Когда ребенок плохо учится, или простудился, или в чем-то отстает от сверстников, мама считает, что в этом она виновата.

Когда мы соотносим себя только с ролью матери, мы ждем от ребенка компенсации за свои старания, лишения и труды — не только любви и благодарности, но и каких-то выдающихся достижений. Он должен оправдать наши ожидания, реализоваться в том, в чем не реализовались мы сами. А если этого не происходит, мы бываем страшно разочарованы.

Путь к себе

Сценарий супермамы — это дорога в никуда. Стремление к идеалу всегда заканчивается одним и тем же — усталостью, отсутствием энергии и конфликтами с близкими, в том числе с детьми. Как выбраться из этого тупика?

Принять собственное несовершенство

Требовательность к себе, безусловно, хорошее качество. Но нужно адекватно оценивать свои возможности. Стоит признать, что мы не всесильны, мы не можем отвечать за все, что происходит с ребенком. Идеал и вина — понятия «безграничные», неизмеримые, здесь никогда не бывает достаточно. Поэтому «всемогущей» супермаме не удается понять, выполнила она свой долг в полной мере или где-то недотянула. Когда мы признаём свое несовершенство, чувство вины уходит и появляется ответственность, но уже в определенных границах: мы знаем, что именно можем контролировать, а по поводу остального не переживаем.

Скажем, мы хотим, чтобы ребенок занимался плаванием: мы подходим к вопросу ответственно и находим прекрасного тренера, оплачиваем занятия, организуем жизнь ребенка так, чтобы он не пропускал тренировки, но если он не станет чемпионом, в этом не будет нашей вины.

Нужно забыть слово «супер» и сказать себе «вольно». И не пилить себя за то, что мы чего-то не сделали для нашего ребенка. Понятно, что нельзя уходить вечером из дома, не оставив ему ужина. Но ничего страшного не произойдет, если в какой-то день это будут не домашние котлетки с брокколи, а бутерброды.

Супермама не может попросить помощи, ведь это будет капитуляцией, она никому не доверяет и постоянно упрекает других в том, что они все делают плохо и не выкладываются по полной. Но мы нормальные, живые люди, наши ресурсы ограничены, а в сутках всего 24 часа, и их явно не хватит на все. Да, иногда мы с чем-то не справляемся и нам требуется помощь. Это нормально! Значит, надо учиться доверять и просить о помощи тех, кто действительно способен нам помочь: бабушек, дедушек, мужа, подруг, няню.

И еще важно жить настоящим моментом, не страшась будущего — ведь никто не знает, что будет завтра. Дети растут в разных странах, в разных семьях, в разных традициях, где-то — под влиянием модных теорий, где-то — вообще без каких-либо теорий, концепций и воспитательных систем, однако все как-то вырастают. Дети гораздо адаптивнее, чем нам кажется.

Один из моих сыновей не хотел учиться читать до школы, а я его не заставляла. Когда он пошел в первый класс, таких не читающих оказалось всего двое, и учительница выговаривала мне: «Ну ладно сын уборщицы, но в профессорской семье…» А другие родители смотрели на меня осуждающе… Сегодня мой сын взрослый состоявшийся мужчина, который свободно говорит и пишет на нескольких языках.

Доверять интуиции

Каждый раз, когда мы пытаемся оценить свои поступки, мы ориентируемся на сложившиеся в обществе стереотипы. Но представления о норме меня-

Дети должны видеть в маме не только поставщика еды, ласки, одежды, но и человека, у которого есть собственные дела, мысли, интересы, достижения.

ются. Мы помним концепции доктора Спока, или «после трех уже поздно», или «мать-тигрица» и многие другие, которые сегодня уже никто не воспринимает всерьез. Да, не помешает о них знать, но относиться к этому лучше критично, выносить собственное суждение с учетом особенностей нашего ребенка и условий нашей жизни.

Материнская интуиция — не пустые слова, это огромная сила. Мать длительное время находится с ребенком в биологической связи, и у нее есть базовое ощущение, что никто не знает его лучше, чем она. Не стоит постоянно ориентироваться на кого-то, слушать тех, кто пытается нас критиковать или давать советы.

У меня трое детей, и всегда находились люди, которые «знали», как их правильно воспитывать, учили, подсказывали, возмущались, осуждали. Самое тяжелое для мамы — держать свою линию поведения и при этом не портить отношения с окружающими. Большинство из них хотят нам добра, стараются поделиться опытом. Но, доверяя своим чувствам, своей интуиции, мы спокойно относимся к непрошеным советчикам и делаем по-своему.

Жить своей жизнью

Никогда нельзя посвящать жизнь другому человеку, даже если это наш ребенок. Конечно, бывают периоды, когда мы сознательно тратим максимум сил и энергии на дорогих нам людей. Но это всегда лишь какой-то конкретный отрезок времени.

Абсолютная сосредоточенность на ребенке, предельно близкий контакт особенно необходимы в первый год его жизни. Потом роли и отношения должны меняться, иначе маму ждет истощение и эмоциональное выгорание. Чтобы этого не случилось, мы должны жить своей жизнью, думать о том, как распределить силы и время, чтобы их хватало не только на детей, но и на себя. Супермаме надо, образно говоря, выбираться из одномерного пространства, заполненного всепоглощающей заботой о ребенке, в объемное, многомерное: вспомнить о муже, вернуться к профессии или освоить новую, наладить отношения с друзьями, записаться на фитнес, заглянуть в театральную афишу. И помнить, что это тоже делается в интересах ребенка: когда у него перед глазами вечно усталая, приносящая себя в жертву мать, — это действует разрушительно.

Дети должны видеть в маме не только поставщика еды, ласки, одежды, но и человека, у которого есть собственные дела, мысли, интересы, достижения. Надо разговаривать с ребенком и делиться тем, что нам интересно и важно. Тогда он будет понимать, что мама — самодостаточный человек, что мы сильные и авторитетные родители.

Мама имеет право родить еще одного малыша, переехать в другой район, город или страну, если ей это нужно, или снова выйти замуж. При этом дети могут расстраиваться, ревновать, страдать, просить не делать этого. Наша задача — не потакать, не идти у них на поводу, а помочь адаптироваться к сложным жизненным ситуациям и как можно чаще давать им понять, что мы их по-прежнему любим и заботимся о них.

Воспитание — процесс сложный, неоднозначный, многофакторный. Надо постараться выстроить его так, чтобы и себя не потерять, и ребенка не забросить. Иначе говоря, нужен разумный баланс между требовательностью к себе и здравым смыслом, мнением окружающих и своей интуицией, между собственными интересами и интересами ребенка. И пусть у него будет не «супер», а просто мама — здоровая, спокойная и счастливая, которая даст ему самое главное — безусловную любовь, поддержку и заботу.

Издание для досуга

ПСИХОЛОГИЯ. ИСКУССТВО БЫТЬ РОДИТЕЛЕМ
СОВЕТУЮТ ПРОФЕССИОНАЛЫ

Марина Мелия

ОТСТАНЬТЕ ОТ РЕБЕНКА!
Простые правила мудрых родителей

Главный редактор *Р. Фасхутдинов*
Руководитель направления *Л. Ошеверова*
Ответственный редактор *А. Парлашкевич*
Литературный редактор *Л. Самохина*
Младший редактор *А. Ужегова*
Технический редактор *М. Печковская*
Компьютерная верстка *О. Шувалова*
Корректор *А. Будаева*

Страна происхождения: Российская Федерация
Шығарушы ел: Ресей Федерациясы

ООО «Издательство «Эксмо»
123308, Россия, г. Москва, ул. Зорге, д. 1, стр. 1, эт. 20, каб. 2013. Тел.: 8 (495) 411-68-86.
Home page: www.eksmo.ru E-mail: info@eksmo.ru
Өндіруші: «Издательство «Эксмо» ЖШҚ
123308, Ресей, Мәскеу қаласы, Зорге көшесі, 1-үй, 1-құрылыс, 20 қабат, 2013-каб.
Тел.: 8 (495) 411-68-86. Home page: www.eksmo.ru E-mail: info@eksmo.ru.
Тауар белгісі: «Эксмо»

Интернет-магазин : www.book24.ru

Интернет-магазин : www.book24.kz
Интернет-дүкен : www.book24.kz

16+

Импортёр в Республику Казахстан ТОО «РДЦ-Алматы».
Қазақстан Республикасына импорттаушы «РДЦ-Алматы» ЖШС.

Дистрибьютор и представитель по приему претензий на продукцию
в Республике Казахстан: ТОО «РДЦ-Алматы»

ТОО РДЦ Алматы, Алматы, ул. Домбровского, 3«а», литер Б, офис 1.

Дистрибьютор және Қазақстан Республикасында өнімге шағымдар
қабылдау жөніндегі өкіл: «РДЦ-Алматы» ЖШС.
Алматы қ., Домбровский көш., 3 «а», литер Б, офис 1.
Тел.: 8 (727) 251-59-90/91/92. E-mail: RDC-Almaty@eksmo.kz

Сведения о подтверждении соответствия издания согласно законодательству РФ
о техническом регулировании можно получить на сайте Издательства «Эксмо»:
www.eksmo.ru/certification

Техникалық реттеу туралы РФ заңнамасына сай басылымның сәйкестігін растау
туралы мәліметтерді мына адрес бойынша алуға болады: http://eksmo.ru/certification/

Произведено в Российской Федерации
Ресей Федерациясында өндірілген

Сертификаттауға жатпайды

Дата изготовления / Подписано в печать 16.07.2025.
Формат 84x108$^{1}/_{32}$. Печать офсетная. Усл. печ. л. 14,28.
Доп. тираж 4000 экз. Заказ 4042/25.

Отпечатано в соответствии с предоставленными материалами
в ООО «ИПК Парето-Принт», 170546, Тверская область
Промышленная зона Боровлево-1, комплекс №3А
www.pareto-print.ru

Москва. ООО «Торговый Дом «Эксмо». Адрес: 123308, г. Москва, ул. Зорге, д.1, строение 1.
Телефон: +7 (495) 411-50-74. **E-mail:** reception@eksmo-sale.ru

По вопросам приобретения книг «Эксмо» зарубежными оптовыми покупателями обращаться в отдел зарубежных продаж ТД «Эксмо». E-mail: **international@eksmo-sale.ru**

International Sales: International wholesale customers should contact Foreign Sales Department of Trading House «Eksmo» for their orders. **international@eksmo-sale.ru**

По вопросам заказа книг корпоративным клиентам, в том числе в специальном оформлении, обращаться по тел.: +7 (495) 411-68-59, доб. 2151. E-mail: **borodkin.da@eksmo.ru**

Оптовая торговля бумажно-беловыми и канцелярскими товарами для школы и офиса «Канц-Эксмо»:
Компания «Канц-Эксмо»: 142702, Московская обл., Ленинский р-н, г. Видное-2,
Белокаменное ш., д. 1, а/я 5. Тел./факс: +7 (495) 745-28-87 (многоканальный).
e-mail: **kanc@eksmo-sale.ru**, сайт: www.**kanc-eksmo.ru**

Филиал «Торгового Дома «Эксмо» в Нижнем Новгороде
Адрес: 603094, г. Нижний Новгород, улица Карпинского, д. 29, бизнес-парк «Грин Плаза»
Телефон: +7 (831) 216-15-91 (92, 93, 94). **E-mail**: reception@eksmonn.ru

Филиал ООО «Издательство «Эксмо» в г. Санкт-Петербурге
Адрес: 192029, г. Санкт-Петербург, пр. Обуховской обороны, д. 84, лит. «Е»
Телефон: +7 (812) 365-46-03 / 04. **E-mail**: server@szko.ru

Филиал ООО «Издательство «Эксмо» в г. Екатеринбурге. Адрес: 620024, г. Екатеринбург,
ул. Новинская, д. 2щ. Телефон: +7 (343) 272-72-01 (02/03/04/05/06/08)

Филиал ООО «Издательство «Эксмо» в г. Самаре. Адрес: 443052, г. Самара,
пр-т Кирова, д. 75/1, лит. «Е». Телефон: +7 (846) 207-55-50. **E-mail**: RDC-samara@mail.ru

Филиал ООО «Издательство «Эксмо» в г. Ростове-на-Дону. Адрес: 344023, г. Ростов-на-Дону,
ул. Страны Советов, 44А. Телефон: +7(863) 303-62-10. **E-mail**: info@rnd.eksmo.ru

Филиал ООО «Издательство «Эксмо» в г. Новосибирске. Адрес: 630015, г. Новосибирск,
Комбинатский пер., д. 3. Телефон: +7(383) 289-91-42. **E-mail:** eksmo-nsk@yandex.ru

Обособленное подразделение в г. Хабаровске. Фактический адрес: 680000, г. Хабаровск,
ул. Фрунзе, 22, оф. 703. Почтовый адрес: 680020, г. Хабаровск, А/Я 1006
Телефон: (4212) 910-120, 910-211. **E-mail**: eksmo-khv@mail.ru

Республика Беларусь: ООО «ЭКСМО АСТ Си энд Си»
Центр оптово-розничных продаж Cash&Carry в г. Минске
Адрес: 220014, Республика Беларусь, г. Минск, проспект Жукова, 44, пом. 1-17, ТЦ «Outleto»
Телефон: +375 17 251-40-23; +375 44 581-81-92
Режим работы: с 10.00 до 22.00. **E-mail:** exmoast@yandex.by

Казахстан: «РДЦ Алматы». Адрес: 050039, г. Алматы, ул. Домбровского, 3А
Телефон: +7 (727) 251-58-12, 251-59-90 (91,92,99). **E-mail:** RDC-Almaty@eksmo.kz

Полный ассортимент продукции ООО «Издательство «Эксмо» можно приобрести в книжных магазинах «Читай-город» и заказать в интернет-магазине: www.chitai-gorod.ru.
Телефон единой справочной службы: 8 (800) 444-8-444. Звонок по России бесплатный.

Интернет-магазин ООО «Издательство «Эксмо»
www.eksmo.ru
Розничная продажа книг с доставкой по всему миру.
Тел.: +7 (495) 745-89-14. E-mail: **imarket@eksmo-sale.ru**

ISBN 978-5-04-156530-5

9 785041 565305

БОМБОРА
ИЗДАТЕЛЬСТВО

БОМБОРА – лидер на рынке полезных и вдохновляющих книг. Мы любим книги и создаем их, чтобы вы могли творить, открывать мир, пробовать новое, расти. Быть счастливыми. Быть на волне.

bombora.ru bomborabooks bombora